复旦卓越·人力资源管理和社会保障系列教材

员工关系管理

主　编　李晓婷　副主编　曹　洋　张银昆

本书线上学习资料

复旦大學 出版社

内容提要

本书是校企双元合作开发的活页式教材，以"岗课赛证"综合育人为抓手，基于员工关系管理岗位典型工作任务，将企业工作场景、岗位能力要求与"1+X"人力资源共享服务证书标准、职业院校技能大赛规程有机融合，突出思政引领、任务驱动与实战训练，助力学生职业素养和实践能力的提升。

本书围绕入转调离服务、规章制度管理、员工关怀实践和冲突管理等核心模块，系统设计九个项目化学习单元。每个单元遵循"学习情境导入—任务工单驱动—专业知识应用—技能操作训练—多维评价反馈"的闭环路径，结合二维码嵌入的数字化资源，实现"教、学、做、评"一体化。

本书适合高职高专、应用型本科院校人力资源管理及相关专业类师生选作教材，也可作为相关工作人员的培训教材或日常参考资料，为培养兼具合规意识、创新思维和数字化素养的新时代员工关系管理人才提供支持。

目 录

Mulu

项目一

初识员工关系

学习目标

❶ 知识目标

1. 理解员工关系的含义及本质
2. 了解员工关系的特点
3. 了解影响员工关系的环境因素
4. 熟悉员工关系管理的目标和内容

❷ 能力目标

1. 能够根据员工关系的含义和特点,准确讲述员工关系事件
2. 能够选用合适的方法和指标,对公司的员工关系状况进行诊断分析
3. 能够梳理员工关系相关岗位的主要职责及任职要求,编写岗位说明书

❸ 素质目标

1. 通过探索员工关系管理对企业的贡献和价值,增强职业认同感和荣誉感
2. 通过理解员工关系的本质和环境分析,增强大局意识和系统观念
3. 通过小组分工合作和任务沟通,强调团队的力量,培养团结协作精神
4. 通过签订课程学习协议,树立契约意识和规则意识,筑牢诚信和法律底线

【学习情境】

华兴是中国在软件、芯片、通信、新能源、新材料、云计算领域弯道超车、打破国际技术垄断的民营世界500强公司。总部位于上海,在深圳、北京、天津、南京、成都、武汉、哈尔滨、杭州、重庆等全国主要城市设有73家分公司。年报显示,2022年公司全球销售收入6 423亿元,同比增长0.9%,净利润356亿元,同比下滑68.7%。但公司积极响应党中央保岗位保民生战略任务,公司员工人数逆势增长了5 000人,研发投入达到了1 615亿元,占全年收入的25.1%。截至报告日,公司员工总数达到了20.7万,其中,研发员工11.4万,约占员工总数的55.1%。

随着国内外市场环境的变化,以及公司人员规模的快速增长和新生代员工群体不断壮大,一些问题也逐渐暴露出来。首先表现在人员流失率高。各部门负责人以发展新业务、人员变动、加班严重为由提出增加人员的需求;部分员工对领导、工作分配和激励机制提出隐晦的意见,认为团队士气不高,总是担心被主管训斥,感受不到组织对自己成长与发展的关怀;高级技术总监王鑫和NEY架构中心经理孙玲玲相继提出离职申请。其次是用工管理不规范,该签的劳动合同没有及时签订,试用期过后因未办理转正手续而发错工资,员工手册束之高阁,发生劳动争议时却找不到充分的制度依据。

人力资源部认为,以上问题的解决需要专人负责,既要加强劳动合同管理,建立完善各项劳动规章制度,同时还要增进员工沟通,定期组织员工满意度调查,重新构建激励与关怀体系。公司同意了人力资源部设立专职员工关系岗(包括员工关系主管和员工关系专员)的请示。

⚓ 工作任务

员工关系管理可为企业带来什么贡献和价值？员工关系管理岗的主要工作职责有哪些？如何设定绩效考核指标对员工关系管理工作进行评价？员工关系专员的职业发展路径如何？人力资源部召开部门会议，讨论增设员工关系岗对员工管理、企业发展的好处，并将编写岗位说明书、设定考核指标、制定培养方案列入月度工作计划，请按照背景信息和情境完成下列任务。

任务1　"员工关系"大家说

1-1：任务单

（1）4～5人为一组，其中主持人1人、记录员1人。每人用一句话说明什么是员工关系，并列举1～2件典型的员工关系事件。

（2）每组派代表在全班做总结发言。

任务2　员工关系诊断

1-2：任务单

（1）角色扮演：4～5人为一组，其中主持人1人，记录员1人。召开人力资源部门会议，确定会议主题和议程。对情境案例中公司的员工关系状况进行分析，并讨论改进措施。

（2）按照点检清单的方式，评估员工关系风险。

（3）拟写增设员工关系岗的请示。

任务3　编写员工关系岗位说明书

1-3：任务单

（1）4～5人为一组，对员工关系专员（或负责员工关系管理工作的HR）进行工作分析访谈，要求形成正式的访谈记录，并由访谈者和被访谈者双方签字确认，访谈过程留存相应的音/视频文件备查。

（2）编写员工关系岗位说明书。岗位说明书必须包含岗位基本信息、岗位职责概述、岗位职责详述、关键绩效指标、任职资格、岗位关系、岗位环境和条件。

（3）对照岗位说明书，小组每位成员分析自己能否胜任该岗位。通过讨论选出最适合员工关系专员岗位的一位成员担任组长。

任务单1-1 "员工关系"大家说 　　学时：1

班　　级		小　　组		
组　　员				
准备工作	1. 课前认真阅读学习情境及相关资料 2. 准备电脑、教材和笔，做好常规准备工作			
任务描述	1. 4～5人为一组，其中主持人1人、记录员1人。每人用一句话说明什么是员工关系，并列举1～2件典型的员工关系事件 2. 每组派代表在全班做总结发言			
任务要求	1. 用一句话说明什么是员工关系，要求语句及内容完整，表述清楚 2. 经过小组讨论，明确所列举的事件属于员工关系范畴，讨论记录真实、准确、完整 3. 小组代表的总结发言应对小组活动情况进行真实概括，总结性强，表达清晰准确，时间把握精准			
成果展示	1. 小组活动记录表 2. 小组代表的总结发言			

小组活动记录表

时　　间		地　　点	
主　　题			
主要内容			

主持人：　　　　　　　　　记录员：　　　　　　　　　汇报人：

任务单1-2 员工关系诊断　　学时: 2

班 级		小 组			
组 员					
准备工作	1. 课前认真阅读学习情境及相关资料 2. 准备电脑、教材和笔,做好常规准备工作				
任务描述	1. 角色扮演:4～5人为一组,召开人力资源部门会议,确定会议主题和议程,对情境案例中公司的员工关系状况进行分析,并讨论改进措施 2. 按照点检清单的方式,评估员工关系风险 3. 拟写增设员工关系岗的请示				
任务要求	1. 能够抓住案例的关键点,联系所学知识对公司员工关系状况进行诊断分析 2. 正确理解员工关系风险点及防控措施 3. 请示结构合理,理由和依据充分				
成果展示	1. 小组活动记录表 2. 员工关系风险点检查表 3. 增设员工关系岗的请示				

小组活动记录表

时 间		地 点	
主 题			
主要内容			

主持人:	记录员:	汇报人:

任务单1-3　编写员工关系岗位说明书　　学时：2

班　级		小　组			
组　员					
准备工作	1. 课前认真阅读学习情境及相关资料 2. 准备电脑、教材和笔，做好常规准备工作				
任务描述	1. 4～5人为一组，对员工关系专员(或负责员工关系管理工作的HR)进行工作分析访谈，要求形成正式的访谈记录 2. 编写员工关系岗位说明书 3. 对照岗位说明书，小组每位成员分析自己能否胜任该岗位。通过讨论选出最适合员工关系专员岗位的一位成员担任组长。				
任务要求	1. 访谈提纲涵盖工作分析所需调查了解的内容；访谈过程专业，避免诱导；访谈记录完整、真实、规范，要有相应的音/视频文件 2. 岗位说明书结构完整，应包含岗位基本信息、岗位职责概述、岗位职责详述、关键绩效指标、任职资格、岗位关系、岗位环境和条件，具体工作任务翔实，考核指标合理 3. 岗位说明书内容与访谈记录相匹配				
成果展示	1. 访谈提纲及访谈记录 2. 员工关系岗位说明书				

个人任务单

主　题	进行员工关系工作的SWOT分析
主要内容	
行动计划	

班级：　　　　　　　学号：　　　　　　　姓名：

📖 专业知识应用

知识 1　员 工 关 系

"员工关系"一词起源于西方人力资源管理体系。19世纪末20世纪初,激烈的劳资矛盾和对抗给企业发展带来了诸多不稳定因素。在劳资双方力量博弈中,管理方逐渐认识到缓和劳资冲突、让员工参与企业经营的正面作用。随着管理理论的发展、人们对人性本质认识的不断进步,以及国家劳动法律体系的逐步完善,企业越来越注重通过内部沟通和协调合作来改善员工关系。

员工关系强调以员工为主体和出发点的企业内部关系,注重沟通与合作,如人际关系管理、劳动关系管理、沟通管理、民主参与和企业文化建设等方面。因此,员工关系不仅重视劳动关系问题,而且通过以人为本的管理方式,使企业与员工之间、员工与员工之间产生更加和谐的工作气氛。

一、员工关系的含义

(一) 员工关系的本质

员工关系的本质是冲突与合作的交织,包括合作、冲突、力量和权力四个方面。

1. 合作

管理方与员工要一起合作,需遵守一套既定的制度规则。双方以劳动合同或集体协议等法律契约的形式,甚至是以一种心理契约的形式,规定相互之间的权利义务和是非曲直。员工通过提供劳动获取一定的报酬和福利,同时还要从工作中获得作为人所拥有的体面、尊严、归属感、成就感和满足感。双方对工作的预期和理解、工作保障、晋升机会等并不完全是用有形的书面契约进行约定的,有时是建立在一种心理契约(即双方对工资与努力程度之间的动态博弈结果)的基础上。企业清楚地了解每个员工的需求和发展愿望,并尽量予以满足;员工为企业的发展全力奉献,因为员工相信企业能满足他们的需求与愿望。

2. 冲突

管理方和员工的利益、目标和期望会出现分歧,甚至彼此背道而驰,因而产生冲突也在所难免。由于相互了解和信任的复杂性和模糊性,日常工作中管理方和员工经常会产生对于"公平合理安排"的不同看法。任何一方违反书面劳动合同都可能导致冲突,任何一方违反彼此间形成的不成文的传统、习惯及默契也同样会引发冲突。比如,员工工作松懈、低效率或故意缺勤、辞职、罢工等;管理方对员工采取降薪、降职或解雇等措施惩罚。

3. 力量

双方选择合作还是冲突，取决于双方的力量对比。力量是影响员工关系结果的能力，是相互冲突的利益、目标和期望以何种形式表现出来的决定因素。

力量分为劳动力市场的力量和双方对比关系的力量。①劳动力市场的力量反映了工作的相对稀缺程度，是由员工在劳动力市场供求关系中的稀缺性决定的。一般而言，员工技能越强，其在劳动力市场的力量就越强。②双方对比关系的力量是指员工进入组织后所具有的能够影响管理方的程度，其中尤以退出、罢工、岗位三种力量最为重要："退出"是员工辞职给用人方带来的成本，如寻找和培训替代辞职员工的费用；"罢工"是员工停止工作给管理方带来的损失；"岗位"主要是由于在岗员工不服从、不配合管理方的工作安排而增加的管理成本。

4. 权力

在员工关系中，管理方享有决策权力。权力是管理方拥有的权威，即对员工进行指挥和安排，以及影响员工行为和表现的各种方式。拥有权力，使管理方在员工关系中处于优势地位。但这种优势地位也不是无可争议的，在某些时间和场合可能会发生逆转。

（二）员工关系的外部环境

影响员工关系的外部环境包括经济环境、技术环境、政策环境、法律制度环境和社会文化环境五个方面。

1. 经济环境

经济环境包括宏观经济状况和微观经济状况。我们可以用经济增长速度、失业率等指标来衡量宏观经济状况，如果失业率很高，就会减弱劳动者凭其技术和能力获得工作的力量，即减弱他们的劳动力市场力量，从而影响其对工作的预期。微观经济状况指的是在某一特定产品市场上企业所要面对的竞争程度。当同行业工资普遍上升时，企业面临的员工要求加薪的压力更大。

经济环境能够改变员工关系主体双方的力量的对比。一方面，劳动力市场的变化直接影响双方在劳动力市场上力量的消长；另一方面，厂商所要面对的要素市场会通过影响雇主的生产函数和员工的消费函数来改变双方的成本收益，从而带来双方的力量的变化。同样，偶发的经济冲击，以及有规律的经济周期都会影响就业组织内部的劳动关系。经济冲击往往会造成产量的骤减，不同的企业会因为对未来预期的不同而制订不同的人力资源政策。受经济周期的影响，就业组织内部的关系也会发生变化。一般来说，经济处于繁荣阶段，员工的力量就会强些，管理方会做更多的让步；而经济处于低谷阶段，管理方让步的空间很小，员工的力量较弱，在谈判和冲突中处于更为不利的地位。

经济环境首先会影响员工的工资福利水平、就业、工作转换，以及工人运动和工会的发展，其次会影响到产品的生产、工作岗位的设计、工作程序等，最后可能会间接影响劳动关系的整体状况。

2. 技术环境

技术环境的内容包括产品生产的工序和方式，以及采用这些工序和方式所必需的资本密度（人均资本投资量）的程度、产品和工序是否容易受到新技术的影响、工作是否复杂和需要高水平的知识和技能。如果企业的产品易受新技术影响或者企业是资本密集型的，那么员工不服从管理会给管理方带来更多的成本，因而员工岗位的力量就会增强。相反，那些不易受新技术影响或者低资本密集度的行业，员工岗位的力量就弱些。

同样，技术环境的变化也会改变劳动力市场上不同技术种类工人的供求状况。例如，随着技术的发展和行业的演进，人工智能与大数据人才、云计算人才、网络安全等方面的人才需求量成倍增加，这类人才在劳动力市场的力量上升，因而在员工关系中的优势更大些。

3. 政策环境

政策环境是指政府的各种政策方针，包括货币政策和财政政策、就业政策、教育和培训政策以及其他政策。

（1）就业政策。在诸多政策环境中，就业政策对于劳动力市场以及就业组织中的员工关系的影响最为直接。它往往通过对供求状况的调整来改变双方劳动力市场的力量，以经济激励和惩罚措施来改变双方在就业组织内部的关系的力量。例如，我国出台了促进残疾人就业的政策，对残疾人的比例达到一定标准的就业组织给予税收、费率等方面的优惠。这些政策从客观上促进了企业雇用更多残疾员工。

（2）货币政策和财政政策。货币政策和财政政策通过宏观经济环境来影响各营利组织的劳动关系。另外，这两种政策还可以通过影响资本的价格、改变资本和劳动的价格比率来影响企业的雇佣决策和企业的劳动关系。

（3）教育和培训政策。教育和培训政策主要作用于人力资本投资的供求，改变劳动者的知识技术结构，从而改变不同种类的劳动力市场供求和企业的资本/劳动比重。因此，教育和培训政策对于劳动关系具有更加长期的影响。

4. 法律和制度环境

法律和制度环境是指规范雇佣关系双方行为的法律和其他力量的机制，这些机制规定了双方的权利义务，并具有相对的稳定性。比如，《中华人民共和国劳动法》规定了集体谈判中双方的权利义务、劳动者的最低工资、健康和劳动安全卫生等。法律要求雇主承认工会，并与工会进行集体谈判，这一规定作为法律制度外部环境，提高了工会有效代表其会员的能力，进而影响了工会会员的工资和工作条件。《中华人民共和国劳动合同法》对试用期期限和工资、试用期解除劳动合同的条件、试用期次数等做了明确规定,避免企业通过任意约定试用期来规避责任和义务。

5. 社会文化环境

社会文化环境由各国、各地区甚至各工种的主流传统习惯、价值观、信仰等组成。如果社会文化外部环境表现为笃信工会的重要性和积极作用,那么,政府和企业就会通过制定政策,提高工会的密度,扩大工会的影响力。文化的影响是潜在、不易察觉的,通过社会舆论和媒介来产生影响。对于违反社会文化规则的个人和组织,虽然惩罚不像法律那样具有强制性,但其作用不可低估。

综上所述,员工关系(Employee Relations)是指管理方与员工及团体之间产生的,由双方利益引起的表现为合作、冲突、力量和权力关系的总和,并受到一定社会中经济、技术、政策、法律制度和社会文化环境的影响(见图1-1)。

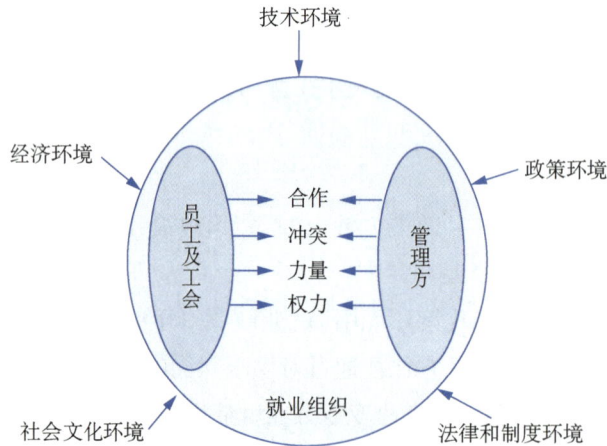

图1-1 员工关系的本质及外部环境

员工与管理方之间相互作用的行为包括双方的权利义务及其有关事项。这种关系具有两层含义:一是法律层面,双方因为签订雇佣契约(劳动合同或其他协议)而产生的权利义务关系,关注点是有形的法律契约约定的内容;二是社会层面,双方彼此间的人际、情感甚至道义等关系,即双方权利义务不成文的传统、习惯及默契等伦理关系,关注员工心理契约的各种变化。

二、员工关系的特点

(一) 个体性与集体性

从员工关系主体的角度划分,可分为个别员工关系和集体员工关系两种。

个别员工关系是个别员工与管理方之间的关系,即个别员工在从属的地位上提供职业性劳动、管理方给付报酬的关系。

1-4: 员工关系的特点

集体员工关系是员工的团体如工会，为维持或提高员工劳动条件与管理方之间的互动关系。比如，某快递公司工会根据30余名员工提出的"工资倒挂"、同工不同酬等问题决定与公司管理方开展集体协商。

（二）平等性与不平等性

员工关系的不平等性主要体现在：员工以劳动换取报酬，处于从属地位，劳动过程中员工有服从管理方安排指示的义务，员工与管理方之间存在管理与被管理的关系。

员工关系的平等性主要体现在：签订劳动合同（协议）之前，员工与管理方可以就劳动合同（或协议）中的劳动条件等条款进行协商；在员工关系存续期间，员工也可以就劳动条件的维持或提高与管理方进行协商。在这些情形下，员工不存在从属地位，也无服从的义务。

（三）对等性与非对等性

就员工关系双方应履行的义务而言，具有对等性与非对等性之别。

对等性义务是指一方没有履行某一义务时，他方可以免除另一相对义务的履行，属于双方利益的相互交换。例如，员工提供劳动与管理方支付劳动报酬之间具有对等性。

非对等义务是指一方即使没有履行某一相对义务，他方仍不能免除履行另一义务，属于伦理上的要求。例如，员工提供劳动与管理方的照顾义务、员工的忠诚义务与管理方的报酬给付、员工的忠诚义务与管理方的照顾义务均具有非对等性。

（四）经济性、法律性与社会性

员工通过提供劳动获取一定的报酬和福利，体现了员工关系的经济性。同时，员工关系在法律上通过劳动契约的形式表现，员工在获取经济利益的同时，还要从工作中获得作为人所拥有的体面、尊严、归属感、成就感和满足，其经济要素和身份要素并存于同一法律关系中，体现了员工关系的法律性和社会性。

知识2　员工关系管理

员工关系管理是人力资源管理的一个特定领域，涵盖员工在企业的全生命周期管理。从把员工招进来的第一天起，员工关系管理工作就开始了。在培训开发、绩效考核、薪酬激励各模块均涉及员工关系的增进与协调，直至离职管理环节员工关系结束。

一、员工关系管理的含义

员工关系管理是指在企业人力资源体系中，各级管理人员和人力资源职能管理人员，通过拟定和实施各项人力资源政策和管理行为，以及其他的管理沟通手段来调节企业和员工、员工与员工之间的相互联系和影响，从而实现组织目标并确保为员工、社会增值。

从狭义上讲，员工关系管理就是企业和员工的沟通管理，这种沟通更多采用柔性的、激励性的、非强制的手段，从而提高员工满意度，支持组织其他管理目标的实现。其主要职责是：协调员工与组织、员工与员工之间的关系，引导建立积极向上的工作环境和企业文化。

二、员工关系管理的目标

越来越多的企业不仅把"以客户为中心"作为经营发展的导向，而且把组织内的第一资源（员工）作为客户对待，上升到理论层次就是员工关系管理。

1-5：案例分析：华为员工管理

员工关系管理的最高目标是，"让员工除了把所有精力放在工作之外没有其他后顾之忧"，即为员工创建良好的发展平台和沟通渠道，帮助员工改善人际关系、解决员工与企业以及员工之间的冲突和纠纷等，使员工更积极地投入工作，以强烈的参与意愿、热情的工作态度和精湛的工作能力为企业赢得更强的竞争优势。正确的员工关系管理，是在合法合规、合情合理的基础上，尊重每一个权利人的权利，同时保障与权利对等的各个义务人履行相应的义务。

三、员工关系管理的内容

员工关系管理的基本任务是配合人力资源管理的整体战略和计划，组织和管理好人力资源这一最为重要的生产力，正确处理企业与员工、员工与员工之间的关系，统筹建设和推广企业文化，充分发挥员工的积极性和创造性，提高员工的满意度和敬业度，确保组织目标顺利完成。从人力资源部门的管理职能看，员工关系管理主要包括以下内容。

(一)劳动关系管理

劳动关系管理包括员工入职、转正、调动、离职手续办理及相关风险预防,劳动合同管理,员工申诉,劳动争议处理等内容;主要是劳动者与用人单位之间在劳动过程中所发生的关系的管理,涉及工作时间、休息休假、劳动报酬、劳动纪律、劳动安全卫生、保险福利等方面。

(二)员工沟通管理

员工沟通管理贯穿于员工关系管理工作的全过程,包括建立并维护员工上下级之间畅通的沟通渠道、建立并维护合理化建议制度,建立并维护员工参与公司部分决策的方式,引导并帮助员工在工作中建立良好的人际关系等,重视管理者与团队领导或主管之间、管理者与员工之间持续的非正式和正式的互动过程。

(三)员工冲突处理

员工冲突处理是员工关系管理人员的重要职责。面对员工申诉、劳动纠纷,员工关系管理人员要及时进行调查和调解,对员工的不满和质疑进行疏导和答复,避免矛盾升级。一旦上升为劳动争议,员工关系管理人员应主动和员工以及工会积极商讨解决方案,在不损害企业利益的前提下尽可能满足员工的要求,尽力降低劳动争议给企业运作带来的负面影响。

(四)员工纪律管理

员工纪律管理包括制定并维护相关的制度、流程、规范或标准作业程序(Standard Operation Procedure, SOP),通过实施过程中的宣传、引导、纠偏、奖惩等方式,提高员工行为的统一性和组织纪律性。当员工触犯了企业纪律时,有关部门要遵照一定的程序对其实施处罚;当员工遵守了企业纪律,尤其是只有少数卓越员工才能做到的行为时,企业要给予相应的奖励。奖励和处罚不是员工纪律管理的目的,能够对员工的行为进行规范,防微杜渐,才是纪律管理的真正要义。

(五)员工关系诊断

员工关系诊断包括组织员工满意度调查、各项公司内部活动后的调查,解决员工关心的问题,引导员工建立良好的工作关系,创建有利于员工建立正式人际关系的环境。调查只是工作的第一步,关键是利用调查结果分析诊断员工关系状况,及时报告发现的问题,并最终制定员工关系改进计划,对实施效果进行评估。此外,员工关系管理人员需组织健康体检、公司联欢、集体旅游、拓展训练等活动,缓解员工工作压力,增强组织凝聚力,建立和谐的员工关系。

(六) 员工咨询服务

员工咨询服务主要是为员工提供有关国家政策法律法规、企业规章制度、个人身心健康等方面的咨询服务,实施员工援助计划(Employee Assistance Program, EAP)。员工关系管理人员需熟悉国家政策、劳动法律法规及企业规章制度,随时为员工提供解释与应答服务;还需帮助员工更好地面对工作压力,解决人际关系困境,平衡工作与生活的关系,做好健康和压力管理。

专业技能操作

技能1 员工关系诊断分析

一、创建和谐劳动关系

构建和谐劳动关系,不仅是企业的目标,也是党和国家高度关注的事项。政府出台的一系列指导意见,为企业员工关系管理工作指明了工作方向。比如,2023年1月人力资源社会保障部、中华全国总工会、中国企业联合会/中国企业家协会、中华全国工商业联合会联合发布了《关于推进新时代和谐劳动关系创建活动的意见》(人社部发〔2023〕2号),北京市协调劳动关系三方制定了《北京市推进新时代和谐劳动关系创建活动实施方案》(京人社劳字〔2023〕17号),提出了企业和谐劳动关系的创建标准和目标任务。上海市《关于推进新时代和谐劳动关系创建活动的操作指引》(沪人社关〔2023〕19号)指出,和谐劳动关系创建活动指标由规范性指标、建制性指标、发展性指标、感受性指标、减分指标和一票否决指标六部分构成(见表1-1),采用分值制的办法对企业劳动关系状况进行评价,测评、评审采用查阅资料、实地查验、开展职工调查、听取报告、查阅相关部门管理数据等方式进行。企业员工关系专员可以对标对表,审视和完善本企业的员工关系管理工作。

表1-1 上海市和谐劳动关系创建指标表

一级指标	二级指标	三级指标	分值	自评分
规范性指标	用工管理	企业建立职工名册	3	
		依法签订劳动合同,签订率达100%	3	
		劳动合同具备法定内容	2	
		依法办理用工登记手续	2.5	
		企业建立和完善规章制度	3	
	工作时间和工资福利	执行国家工时制度	3	
		按时足额发放工资	3	
		执行国家休假制度	3	
	社会保障	依法办理社会保险登记	2.5	
		依法按时足额缴纳社会保险费	3	
		依法缴纳住房公积金	2.5	
		依法及时足额缴纳欠薪保障金	1.5	

一级指标	二级指标	三级指标	分值	自评分
规范性指标	劳动保护和劳动安全卫生	劳动保护措施和劳动安全卫生条件符合国家规定的标准	2.5	
		执行女职工和未成年工特殊劳动保护规定	2.5	
建制性指标	党组织建制	建立党组织	2.5	
	工会建制	依法组建工会组织	3	
		依法按时足额拨缴工会经费	2	
	民主管理建制	依法建立职工代表大会制度	3	
		实行厂务公开制度或建立与企业相适应的其他民主管理制度	2	
	集体协商建制	签订集体合同	2.5	
		签订工资专项集体合同、女职工权益保护专项集体合同	2.5	
	劳动纠纷协调建制	建立企业劳动争议调解组织或其他与企业相适应的劳动纠纷协调制度	3	
发展性指标	工资福利	企业工资水平不低于本市职工平均工资水平	2	
		建立补充住房公积金制度、补充医疗保险制度	2	
		建立企业年金制度	3	
		技能人才工资增长幅度高于本单位职工平均增长幅度	1	
		参加职工互助保障计划	1	
		为女职工设立母婴室	0.5	
		安排定期体检，安排女职工定期进行妇科病、乳腺病筛查	1	
		安排定期疗休养	1	
		提供工作餐便利	1	
		提供上下班便利	1	
	职业培训	建立职工培训制度	2	
		按规定提取和使用职工教育培训经费	2	
		组织开展职业培训和岗位练兵技能竞赛活动	2	
	文化建设	建立"职工之家""职工书屋"等，开展企业文化建设	1	
		组织开展劳动竞赛	1	
		组织开展职工合理化建议活动	1	
		组织开展职工文体活动	1	

（续表）

一级指标	二级指标	三级指标	分值	自评分
发展性指标	社会责任	吸纳就业困难人员	1	
		吸纳残疾人就业或缴纳残疾人就业保障金	1	
		关爱本企业职工家属和退休职工	1	
		积极参加社会慈善活动	2	
感受性指标	职工满意度	企业同事间关系融洽	1	
		企业与职工沟通顺畅	1	
		对职业发展机会满意	1	
		有较强参与度和归属感	1	
		对企业日常管理行为满意	1	
		工作能发挥本人才能,对职业的认可度高	1	
		了解并认同企业的愿景、文化和价值观	1	
		业务上能得到有效指导	1	
		对产假、陪产假、育儿假制度执行情况满意	1	
		企业内部薪酬分配向科技人才、高技能人才和生产服务一线岗位倾斜	1	
		薪酬制度公平公正,报酬与本人付出相符	1	
		为生育后返岗的女职工提供职业能力帮助	1	
		提供职工亲子工作室等服务	1	
		企业保障提供职工开展工作所需各项资源	1	
减分指标	存在建制不全情形	接触职业病危害作业的职工未定期进行健康检查	0/-3	
		职工董事和职工监事制度建制不全	0/-3	
	劳动关系表现不稳定	劳动保障监察投诉举报多	0/-2/-4/-6	
		劳动争议数量多	0/-2/-4/-6	
		工伤事故多	0/-2/-4…	
		员工流失率高	0/-2	
一票否决指标	行政处罚	逾期未履行劳动保障监察行政处理决定或受到劳动保障监察行政处罚		
		住房公积金管理部门行政处罚		
	重大事故	重大安全生产责任事故		
		重大职业病危害事故		
	其他	因劳动保障问题引发群体性事件		
		恶意阻挠建立工会		
		创建过程提供虚假材料		

资料来源:上海市人力资源和社会保障局官网,https://rsj.sh.gov.cn/tldgx_17740/20230320/t0035_1414307.html

二、员工关系风险识别

帮助企业防范劳动用工风险是员工关系管理人员的重要职责。风险识别的方法有检查表法、头脑风暴法、流程分析法、故障树分析法等。其中,检查表法简单易操作,即把项目各阶段可能发生的风险罗列在一个表上,供识别人员进行检查核对,以判断当前阶段是否存在表中所列的或者类似的风险。表1-2列出了员工管理各阶段需要注意的风险点,员工关系专员可以逐一检查梳理,确保劳动用工风险评估的全面性和风险控制措施的有效性。

表1-2 员工关系风险点检查表

阶段	风险点描述	自评	备注
招聘录用阶段	是否存在就业歧视行为(比如招聘广告中设定歧视性条件)		
	有无制定合理明确的录用条件		
	有无向劳动者说明录用条件,并要求劳动者签字确认		
	录用通知是否合法合规		
	入职体检是否合法合规		
	是否对入职资料进行审查(身份证明、离职证明、学历、职业资格证明等)		
	有无要求劳动者填写入职信息表,要求员工个人信息发生变化时书面通知用人单位		
	是否在用工之日起一个月内与劳动者签订书面劳动合同		
	劳动合同条款是否合法合规且方便企业管理		
试用期管理	关于试用期的约定是否合法合规		
	是否在试用期内对员工进行了考核		
	试用期是否为劳动者购买了社会保险		
	试用期内解除流程是否合法合规		
劳动规章制度	是否有企业内部劳动规章制度		
	规章制度内容是否合法、合理		
	制定、修订是否经过了民主程序		
	规章制度有无公示或告知劳动者		
	劳动者违反规章制度时是否能够有效地对其行为进行取证		
考勤休假管理	是否评估了工时制度的匹配性		
	是否对特殊工时制度进行了申报		
	是否清楚不同工时制度下的加班工资支付及补偿方式		
	是否清楚年休假天数的计算依据是劳动者累计工作的年限而非在本单位的工作年限		

阶段	风险点描述	自评	备注
考勤休假管理	是否评估了考勤记录的完备性,需劳动者签字确认,至少保存两年		
	是否评估了休假记录的完备性		
薪酬福利管理	是否评估了工资标准的合规性和企业管理的便利性		
	是否评估了工资支付形式、支付对象、支付时间、代扣代缴事项的合规性		
	是否评估了工资支付记录的完备性		
	是否评估了特殊情况下工资支付的合规性(如法定休假日、带薪休假、探亲假、生育假、工伤停工留薪期、患病劳动者医疗期等)		
	是否评估了补贴、福利、奖金发放的合规性		
	是否评估了股票、股权等激励制度的合规性		
	是否清楚未及时足额支付工资可能带来的法律风险		
社会保险管理	是否评估了社保备案的合规性		
	是否评估了社保缴纳基数的合规性		
	是否评估了社保缴纳流程的合规性		
	是否评估了补充保险(如雇主责任险、补充医疗保险等)的必要性		
	是否评估了员工退休流程的合规性		
保密与竞业限制	是否有保密管理制度		
	是否评估了保密协议的合规性		
	入离职手续中是否包含了保密要求的确认		
	是否评估了竞业限制的必要性		
	是否评估了竞业限制协议的合规性		
	是否评估了竞业限制配套措施的合规性		
培训服务期	是否明确了专业技术培训的内容		
	是否明确了培训费用计算标准		
	是否明确了违约金的计算标准		
	是否评估了培训协议的合规性		
	是否评估了培训记录的完备性		
集体合同的管理	是否签订了集体合同		
	是否评估了集体合同订立、修订的合规性		
	是否评估了集体合同内容与劳动合同的关系		.
特殊用工管理	是否评估了非全日制用工的合规性		
	是否评估了劳务派遣用工的合规性		
	是否评估了劳务外包用工的合规性		

阶段	风险点描述	自评	备注
特殊用工管理	是否评估了实习用工的合规性		
	是否评估了退休返聘员工管理的合规性		
	是否评估了外籍员工管理的合规性		
劳动争议管理	是否有员工意见收集反馈机制		
	是否有内部调解机制		
	是否有危机处理机制		
	是否有预算储备（经济补偿金、律师费等）		
离职管理	是否明确劳动合同解除的类型和适用条件		
	是否清楚经济补偿金的支付情形及计算标准		
	是否评估了解除程序的合规性		
	是否评估了终止劳动合同的合规性		
	是否评估了相关文件的完备性（如离职申请书、协商解除劳动合同协议书等）		
	是否清楚违法解除劳动合同的法律后果		
	是否清楚劳动者在离职时有办理工作交接的义务		
	是否清楚企业应当为员工出具离职证明，办理档案和社会保险关系转移手续		

三、开展员工满意度/敬业度调查

企业一般将员工满意度调查作为一年一度的重点工作，一些外企或规模较大的企业会组织员工敬业度调查活动。

员工满意度调查，是指运用专业方法，向员工收集意见并与员工就有关观点、想法、评价等进行交流，适时了解员工工作状态和企业管理上的成绩和不足，以改善企业管理，提高员工满意度和工作绩效的一种活动。通过员工满意度调查可以捕捉员工思想动态和心理需求，诊断员工关系状况，从而采取针对性的应对措施，如通过调查发现了人员流动意向和原因，如果改进及时，措施得法，就能预防一些人才的流失。通过调查挖掘员工最根本的诉求，设计员工需要的关怀项目，推动员工关怀项目落地实施。

最早开展员工敬业度调查的盖洛普咨询公司将敬业度定义为员工热情参与工作，并承诺将以积极的态度和方法为企业作出贡献。其经典的Q12量表（见表1-3）为员工敬业度测量提供了标准。

表1-3　盖洛普Q12量表

序号	题目
Q1	我知道公司对我的工作要求
Q2	我有做好我的工作所需要的材料和设备
Q3	在工作中,我每天都有机会做我最擅长做的事
Q4	在过去的七天里,我因工作出色受到表扬
Q5	我觉得我的主管或同事关心我的个人情况
Q6	工作单位有人鼓励我的发展
Q7	在工作中,我觉得我的意见受到重视
Q8	公司的使命/目标使我觉得我的工作很重要
Q9	我的同事们致力于高质量的工作
Q10	我在工作单位有一个最要好的朋友
Q11	在过去的六个月内,工作单位有人和我谈及我的进步
Q12	过去一年里,我在工作中有机会学习和成长

技能2 了解员工关系岗位职责

一、收集员工关系岗位信息

走访员工关系管理人员,通过访谈、问卷调查或相关资料学习了解其所在公司的员工关系岗位情况;也可以通过招聘渠道搜索有关员工关系岗位的招聘信息,重点关注职位描述和任职资格。常见的招聘网站有:

1. BOSS直聘 https://www.zhipin.com/
2. 智联招聘 https://www.zhaopin.com/
3. 前程无忧 https://www.51job.com/
4. 猎聘 https://www.liepin.com/
5. 应届生 https://www.yingjiesheng.com/

1-6:岗位
招聘信息

二、提炼员工关系岗位的工作内容和要求

结合公司背景介绍及所在地、所属行业情况,对收集信息进行归纳梳理,提炼员工关系岗位的工作内容和要求。

例如,聚焦薪酬分析和管理的薪郅互联网科技(上海)有限公司开发的薪智平台,运用AI人工智能分析技术 + 大数据技术进行市场薪酬分析。其职位薪酬报告中列举了员工关系各级岗位的主要职责,具体描述如表1-4。

表1-4 员工关系各级岗位的主要职责

岗位名称	主要职责
员工关系专员	1. 负责员工入职、离职、岗位变动办理 2. 建立完善的员工档案信息库,更新和维护员工花名册,提供及时、准确的人事信息 3. 负责劳动合同等相关材料的签订、续签、变更、解除、终止、备案和保管工作 4. 协助完成部门及其他部门的工作
员工关系主管	1. 建立及优化公司员工关系管理体系,建立和谐、健康的劳资关系 2. 协助完善公司人力资源制度建设,制定和宣传公司的相关人事管理制度和行为规范 3. 负责公司入、离职、试用期等劳动用工管理,办理、跟进和完善人事流程和各项手续 4. 负责劳动关系管理,处理员工冲突、员工投诉和劳动纠纷 5. 负责公司员工劳动合同及个人档案的建立、维护与管理 6. 参与建立公司与员工的沟通机制,建立和维护完善的员工沟通渠道体系

岗位名称	主要职责
员工关系 经理	1. 管理和优化公司的员工关系管理体系,建立和谐的劳资关系 2. 负责建立和优化员工关爱体系 3. 负责公司部门员工入职、转正、调动、离职等人员异动管理 4. 负责搭建流失管控体系,并推动地区一线流失管控项目组落地执行与闭环,落实员工全生命周期管理 5. 制定并完善人事管理基础性流程制度,推动实施

技能3　编写员工关系岗位说明书

岗位说明书是岗位分析的结果,是对该岗位的性质、任务、责任、环境、处理方法及任职该岗位人员应具备的资格条件所做的书面记录。岗位说明书为企业的招聘录用、员工考核管理、劳动合同签订等人力资源管理业务提供了原始资料和科学依据。岗位说明书一般用表单形式编制,通常包括岗位基本信息(岗位名称、部门、直接上下级等)、岗位概述(对岗位性质和任务的高度概括)、职责详述(逐项说明具体岗位任务和职责)、关键绩效指标、任职资格、岗位关系(分内部关系和外部关系)、岗位环境和条件等。

员工关系专员岗位说明书(示例)

基本信息	岗位名称	员工关系专员	岗位编号	HR003	所属部门	人力资源部
	直接上级	人力资源部经理	直接下属	无	晋升岗位	员工关系主管
岗位价值	依据国家劳动法律法规及企业内部劳动规章制度,主导公司的员工异动、劳动合同、人事档案、考勤休假、员工关怀等工作,处理员工冲突与劳动纠纷,建立积极、和谐、双赢的员工关系					
工作职责	员工异动管理	1. 依据招聘管理制度,及时办理员工入职手续 2. 依据入职管理制度,及时办理员工转正手续 3. 依据员工异动管理制度,办理员工职位变动、部门间调动、公司间调动手续 4. 依据离职管理制度,为员工办理离职手续				
	劳动合同管理	1. 组织实施劳动合同、保密协议、竞业限制协议的签订、续订、变更、解除和保管工作 2. 建立劳动合同台账并及时更新				
	人事档案管理	1. 依据人事档案管理制度,及时建立、维护公司员工电子档案及纸质档案 2. 负责人事档案保管、查阅、转递等手续的办理,确保人事档案完整安全,人事档案信息准确				
	考勤休假管理	1. 处理考勤异常问题,复核员工考勤记录 2. 根据员工打卡、请假、加班等情况统计员工出勤数据,做好考勤结算 3. 依据考勤休假制度,为员工办理各类请假休假手续				
	员工关怀服务	1. 开展员工需求调查,做好日常关怀和福利发放 2. 组织安排员工文娱活动,在促进员工身心健康、工作生活平衡等方面提供咨询服务与支持				
	劳动纠纷处理	1. 受理员工的各类投诉并负责调查核实和协调解决 2. 提供劳动仲裁支持,协同法务处理劳动争议				
	人事信息分析	1. 每月及时准确提交人事月报 2. 与主管级以下员工进行离职沟通,做离职原因分析 3. 定期做员工满意度调查,并对数据进行分析				
	其他工作	1. 协助上级起草、修订企业内部劳动规章制度 2. 完成上级安排的其他工作				

（续表）

工作关系	内部关系：公司各部门 外部关系：人力资源和社会保障局、住房公积金管理中心、咨询公司、律师事务所
关键绩效指标	1. 异动手续办理的规范化、及时性、准确性 2. 人事档案的完整性、信息准确性 3. 劳动合同签订的及时性及劳动合同台账信息的准确性 4. 人事报表的及时性、准确性 5. 工作差错率 6. 员工意见响应速度 7. 劳动争议总数 8. 劳动争议内部调解率、劳动争议企业胜诉率

任职资格	
教育背景	人力资源管理、社会保障、劳动关系、心理学、法学等相关专业
知识技能	1. 熟悉国家和地方劳动法律法规；具备扎实的人力资源管理理论基础，了解一定的心理学或法学知识 2. 掌握档案管理、劳动合同管理、社保办理、考勤统计、人事报表的制作等技能；熟练使用办公软件（尤其是Excel） 3. 具有一定的公文写作技能 4. 了解企业的组织架构、产品、业务和文化
个性特征	乐群性、稳定性、原则性、责任心、亲和力、自信心
综合能力	沟通能力、谈判能力、团队协作、服务意识、分析能力、计算能力、时间管理能力、组织协调能力

岗位环境和条件	
工作场所	人力资源部办公室
工作设备	笔、电脑、打印机、电话、本子、文件夹
工作条件	一般
工作环境	室内
相关说明	

编制人员		审核人员		批准人员	
编制日期		审核日期		批准日期	

　　扫码阅读资料《员工关系管理专项职业能力考核规范》和《人力资源共享服务证书标准》，进一步明确员工关系管理人员的工作任务，以及完成工作任务应具备的职业技能和要求。

1-7：拓展阅读

展示评价

1.按照任务单要求,进行成果展示

2.扫码下载学习评价表,完成组内成员互评、小组评价并提交

1-8:学习
评价表

项目一　学习评价表

评价项目		评价内容	评价要点	分值	评价手段及得分		
					小组	教师	得分
专业知识	员工关系的含义	员工关系的主体及表现形式	根据主体和表现形式理解员工关系的含义	5	客观测试		
	员工关系的本质	冲突与合作的形成原因	掌握冲突与合作的原因,理解员工关系的本质	5			
	员工关系的外部环境	影响员工关系的外部环境因素	从经济、技术、政策、法律和制度、社会文化方面分析员工关系的外部环境	5			
	员工关系的特点	员工关系在不同方面体现的特点	从四个方面了解员工关系的特点	5			
	员工关系管理的目标	员工关系管理的最高目标和底线要求	明确员工关系管理作为人力资源管理特定领域的功能和目标	5			
	员工关系管理的内容	员工关系管理的基本任务和内容	掌握人力资源部门员工关系管理的主要内容	5			
专业技能	员工关系大家说	一句话说明什么是员工关系	表述清楚准确,列举事件属于员工关系范畴	8			
	员工关系诊断	对员工关系状况进行诊断分析	选用方法适当,诊断内容全面深入	8			
	了解员工关系岗位职责	对员工关系岗位职责进行梳理	了解途径真实有效,岗位职责描述具体	8			
	编写员工关系岗位说明书	岗位说明书的结构及内容	结构完整,具体工作任务翔实	8			
	设定考核指标	关键绩效考核指标	考核指标合理,可操作性强	8			
职业素养	组织纪律	服从性	服从组长安排、不旷工、不迟到早退、不中途离开现场、不做与项目无关的事情	2			
	团队合作	协作性	各成员分工合理、合作有序	2			
	工作态度	积极性	工作积极主动、认真负责、恪守诚信、追求严谨	2			
	沟通交流	有效性	保持积极有效的沟通,信息传递及时准确	2			
	工作效率	按时性	保持良好的工作环境、桌面整洁干净,有效利用各种工具,按时完成任务,错误率控制在10%以下	2			

（续表）

评价项目		评价内容	评价要点	分值	评价手段及得分		
					小组	教师	得分
思政评价	课前准备	笔记、资料收集、项目准备情况检查	齐全度、完整度、精准度检查，提升学生参与的积极性	5	教师主观评价（采取面谈法了解学生思想情况，关注学生的态度与情感等内在指标）×70%＋客观评价×30%		
	课中参与	观察记录学生参与情况	讨论、分组发言、提问，以及其他互动环节的频度与质量的评价	5			
	课后作业	课后项目作业完成情况	特别检查学生所写文字的情感色彩与态度	5			
	课外活动	记录学生参与课外活动的积极性及表现	包括第二课堂、大赛、课后打扫教室卫生等活动	5			
总计				100			

项目二

员工入职管理

学习目标

❶ 知识目标

1. 了解入职前关怀的工作要点
2. 掌握入职准备内部协作事项
3. 掌握入职资料审查要点
4. 掌握签署入职文件与表单
5. 掌握入职引导的工作内容
6. 掌握入职培训的内容

❷ 能力目标

1. 能够发现员工入职前的异常表现
2. 能够高效办理入职手续
3. 能够引导新员工签署入职文件
4. 能够为新员工做好入职引导
5. 能够为新员工做必备的岗前培训

❸ 素质目标

1. 通过入职管理层层把关,提高企业用工风险防范意识
2. 通过入职关怀与入职引导,提高员工关系专员服务意识
3. 通过签署入职文件与表单,养成严谨认真的工作作风

【学习情境】

华兴公司因业务发展迅速，人员招聘量比较大，7月8日当天不同时间段上海总部共有15名新员工准备入职，其中10名校招的研发管培生、5名主管或经理级管理人员。

表2-1 华兴公司入职人员一览表

序号	姓名	性别	学历	部门	岗位	待入职时间	拟签订劳动合同时限	试用期
1	曹玉玉	女	本科	市场部	主管	7月8日	五年	六个月
2	秦依依	男	本科	产品部	主管	7月8日	五年	六个月
3	张玉	女	本科	研发中心	管培生	7月8日	三年	三个月
4	王磊	男	专科	研发中心	管培生	7月8日	三年	三个月
5	李铭	男	本科	市场部	管培生	7月8日	三年	三个月
6	赵辉	男	专科	市场部	管培生	7月8日	三年	三个月
7	王菲菲	女	博士	架构中心	经理	7月8日	五年	六个月
8	梁小慧	女	本科	架构中心	主管	7月8日	五年	六个月
9	曲歌	女	本科	架构中心	管培生	7月8日	三年	三个月
10	许小青	女	专科	架构中心	管培生	7月8日	三年	三个月
11	周大法	男	硕士	市场部	经理	7月8日	五年	六个月
12	张静	女	本科	市场部	管培生	7月8日	三年	三个月
13	孙玉阁	男	专科	市场部	管培生	7月8日	三年	三个月
14	李刚	男	本科	测试中心	管培生	7月8日	三年	三个月
15	谢龙	男	本科	测试中心	管培生	7月8日	三年	三个月

⚓ 工作任务

6月30日入职手续办理专员拿到了华兴7月8日入职人员一览表,请按照背景信息和情境完成下列任务。

任务1　做好入职跟踪

2-1:任务单

（1）角色扮演:4～5人为一组,1人是入职手续办理专员,1人是专员助理,其余2～3人分别是待入职15人中的一员。

（2）填写入职跟踪登记表,主要跟踪内容为和上一家单位的离职进展情况,入职材料准备情况,解答人力资源相关问题,避免入职爽约。

任务2　做好入职内部协作

2-2:任务单

（1）角色扮演:4～5人为一组,2人负责人力资源部入职准备工作事项,1人负责用人部门入职准备工作事项,1人负责行政部门工作事项准备,1人负责IT部门工作事项准备。

（2）用人部门负责协调其他部门填写新员工入职准备协作工作通知单,完成准备后签字确认,减少新员工焦虑、失望、怀疑等不良情绪。

任务3　做好入职资料审查

2-3:任务单

（1）角色扮演:4～5人为一组,1人是入职手续办理专员,1人是专员助理,其余2～3人分别是待入职15人中的一员。专员和助理负责资料审查,入职人员按照入职要求提供本人相关资料。

（2）入职专员和助理负责将入职人员提交的入职资料进行归档和审查,填写入职资料归档审查记录表。

任务4　签署入职文件

2-4:任务单

（1）角色扮演:4～5人为一组,1人是入职手续办理专员,1人是专员助理,其余

2～3人分别是待入职15人中的一员。

（2）入职手续办理专员及助理负责制作入职流程指引,用人部门负责制定录用条件确认书,入职员工填写信息登记表和录用条件确认书签字。

任务5　做好入职引导

2-5: 任务单

（1）角色扮演:4～5人为一组,1人是入职手续办理专员,1人是专员助理,其余2～3人分别是待入职部门负责人。

（2）入职手续办理专员与入职员工协商制作新员工入职索引并发放给入职员工,入职专员助理在新员工的协助下撰写新员工入职欢迎邮件,入职专员协同用人部门负责人撰写新员工入职通知单。

任务6　做好入职培训

2-6: 任务单

（1）角色扮演:4～5人为一组,1人是入职手续办理专员,协助培训专员制定培训计划,1人是培训专员,1人是用人部门人员,其余2～3人分别是待入职员工。

（2）入职手续办理专员协助培训专员制定培训计划,培训专员制定并填写公司培训课程设计表,制定规章确认单并让入职员工签字确认,用人部门制定部门培训课程设计表,待入职人员填写培训签到表、反馈表。

任务单2-1　做好入职跟踪　　学时：1

班　级		小　组			
组　员					
准备工作	1. 课前认真阅读学习情境及相关资料 2. 准备电脑、教材和笔，做好常规准备工作				
任务描述	1. 角色扮演：4～5人为一组，1人是入职手续办理专员，1人是专员助理，其余 　 2～3人分别是待入职15人中的一员 2. 填写入职跟踪登记表，主要跟踪内容为和上一家单位的离职进展情况，入职 　 材料准备情况，解答人力资源相关问题，避免入职爽约				
任务要求	1. 提供并负责解释入职所需的资料清单 2. 指导准员工办理在原企业的离职手续 3. 做好人资相关资料转接及政策解释				
成果展示	入职跟踪登记表				

小组活动记录表

时　间		地　点	
主　题			
主要内容			

主持人：　　　　　　　记录员：　　　　　　　汇报人：

任务单 2-2　做好入职内部协作			学时：1

班　级		小　组			
组　员					
准备工作	1. 课前认真阅读学习情境及相关资料 2. 准备电脑、教材和笔，做好常规准备工作				
任务描述	1. 角色扮演：4～5人为一组，2人负责人力资源部入职准备工作事项，1人负责用人部门入职准备工作事项，1人负责行政部门工作事项准备，1人负责IT部门工作事项准备 2. 用人部门负责协调其他部门填写新员工入职准备协作工作通知单，完成准备后签字确认，减少新员工焦虑、失望、怀疑等不良情绪				
任务要求	1. 人力资源部门、用人部门、行政部门、IT部门分别做好入职前期准备工作 2. 熟悉新员工入职准备协作工作通知单事项				
成果展示	新员工入职准备协作工作通知单				

小组活动记录表			
时　间		地　点	
主　题			
主要内容			
主持人：	记录员：		汇报人：

任务单2-3 做好入职资料审查		学时：1

班　　级		小　　组			
组　　员					
准备工作	1. 课前认真阅读学习情境及相关资料 2. 准备电脑、教材和笔，做好常规准备工作				
任务描述	1. 角色扮演：4～5人为一组，1人是入职手续办理专员，1人是专员助理，其余2～3人分别是待入职15人中的一员。专员和助理负责资料审查，入职人员按照入职要求提供本人相关资料 2. 入职专员和助理负责将入职人员提交的入职资料进行归档和审查，填写入职资料归档审查记录表				
任务要求	1. 做好入职相关资料收集 2. 进行入职资料验证 3. 填写入职资料归档审查记录表				
成果展示	入职资料归档审查记录表				

小组活动记录表		

时　　间		地　　点	
主　　题			
主要内容			

主持人： 　　　　　记录员： 　　　　　汇报人：

任务单2-4		签署入职文件		学时：1

班　　级		小　　组			
组　　员					
准备工作	1. 课前认真阅读学习情境及相关资料 2. 准备电脑、教材和笔，做好常规准备工作				
任务描述	1. 角色扮演：4～5人为一组，1人是入职手续办理专员，1人是专员助理，其余2～3人分别是待入职15人中的一员 2. 入职手续办理专员及助理负责制作入职流程指引，用人部门负责制定录用条件确认书，入职员工填写信息登记表和录用条件确认书签字				
任务要求	1. 掌握发放入职流程指引要求 2. 填写信息登记表 3. 签署录用条件确认书 4. 签署劳动合同				
成果展示	1. 入职流程指引 2. 信息登记表 3. 录用条件确认书				

小组活动记录表

时　　间		地　　点	
主　　题			
主要内容			

主持人：	记录员：	汇报人：

任务单2-5 制作新员工入职索引与入职欢迎邮件　　学时：1

班　级		小　组			
组　员					
准备工作	1. 课前认真阅读学习情境及相关资料 2. 准备电脑、教材和笔,做好常规准备工作				
任务描述	1. 角色扮演:4～5人为一组,1人是入职手续办理专员,1人是专员助理,其余2～3人分别是待入职部门负责人 2. 入职手续办理专员与入职员工协商制作新员工入职索引并发放给入职员工,入职专员助理在新员工的协助下撰写新员工入职欢迎邮件,入职专员协同用人部门负责人撰写新员工入职通知单				
任务要求	1. 制作新员工入职索引 2. 发出入职欢迎邮件通知				
成果展示	1. 新员工入职索引 2. 入职欢迎邮件				

小组活动记录表

时　间		地　点	
主　题			
主要内容			

主持人：　　　　　　　　　记录员：　　　　　　　　　汇报人：

任务单2-6 做好入职培训 学时：1

班　级		小　组			
组　员					
准备工作	1. 课前认真阅读学习情境及相关资料 2. 准备电脑、教材和笔,做好常规准备工作				
任务描述	1. 角色扮演:4～5人为一组,1人是入职手续办理与员协助培训专员,制定培训计划,1人是培训专员,1人是用人部门人员,其余2～3人分别是待入职员工 2. 入职手续办理专员协助培训专员制定培训计划,培训专员制定并填写公司培训课程设计表,制定规章确认单并让入职员工签字确认,用人部门制定部门培训课程设计表,待入职人员填写培训签到表、反馈表				
任务要求	1. 编制公司层面培训计划 2. 编制用人部门层面培训计划				
成果展示	1. 公司层面培训计划 2. 用人部门层面培训计划				

小组活动记录表

时　间		地　点	
主　题			
主要内容			

主持人： 　　　　记录员： 　　　　汇报人：

📖 **专业知识应用**

如果说有一件事，能让所有HR都"不寒而栗"，那么一定是：辛辛苦苦招来的员工没过几天就要离职[1]。

中国传统文化讲"万事开头难"，新入职的员工往往对业务、对同事比较陌生，缺少自信且比较敏感，很容易会因领导一句批评的话、同事间相处不和谐等小事决定离职。所以，做好入职服务就显得尤为重要。根据调研：从企业视角看，做好新员工入职，员工流失率会从70%降到16%以下，提高新员工存活率，规避企业用工风险；从员工视角看，做好新员工入职服务能缩短员工融入公司、融入岗位、融入工作的时间，降低新员工的适应成本，大幅激发员工的工作热情，提高劳动生产率。

入职管理不仅是签订劳动合同、办理入职手续，更应做好前期的准员工入职前跟踪关怀、企业内部各部门协作准备、入职资料审查，以及入职后的入职引导和岗前培训，从而做好各类入职风险的防范工作，详见表2–2[2]。

表2–2 新员工入职全过程管理

序号	项目	负责部门	工作内容
1	入职前期跟踪	人力资源部	1. 离职进展情况 2. 入职材料准备情况 3. 解答人力资源相关问题
2	内部入职准备	人力资源部门	1. 入职相关材料 2. 移交简历、面试评价信息
		用人部门	1. 业务培训计划 2. 试用期工作计划及考核要求 3. 确定新员工辅导导师 4. 明确录用条件
		行政部门	1. 办公设备、设施及用品 2. 办公环境
		IT部门	开通办公系统账号
3	入职资料审查	人力资源部	1. 相关资料收集（明确收集范围和目的） 2. 入职材料验证 3. 劳动关系情况查证 4. 健康状况审查

---

1 觅得.新员工入职后,HR阶段跟进应该如何做？［N］.https://www.zhihu.com/question/473467618/answer/2694758951.

2 杨良,王晓云.老HRD手把手教你做员工管理［M］.中国法制出版社,2019.

（续表）

序号	项目	负责部门	工作内容
4	入职手续办理	人力资源部	1. 发放入职材料 2. 员工信息登记 3. 确认录用标准 4. 签署劳动合同及相关协议
5	入职引导介绍	人力资源部 用人部门	1. 发放入职引导文件 2. 全员发送新员工欢迎邮件 3. 办公生活场所指引 4. 与新员工的第一餐 5. 第一天的工作安排 6. 与用人部门的交接
6	岗前新人培训管理	人力资源部	1. 公司概况 2. 企业文化 3. 规章制度 4. 职业素养 5. 安全培训
		用人部门	1. 部门介绍 2. 岗位要求 3. 知识技能
7	新员工入职后评估	人力资源部	1. 与招聘需求的差异 2. 与录用条件的差异

知识1 入 职 跟 踪

2-7：视频
入职准备
与入职材
料审核

准员工是指处在已经接收到企业的录用通知书到正式入职前，劳资双方关系尚未正式建立的空档期的员工。

这个空档期，有的求职者可能在入职之前仍然在主动或者被动地找工作，所以可能获得多个录用通知单进行比较，从而出现入职爽约。所以，员工关系专员应在准员工入职前就应该与准员工建立良好的沟通关系，降低各类风险。

一、入职前的定期沟通

（1）目的：了解准员工的思想动态、离职进展、入职进度，帮助解决入职问题，提升准员工认可度。

（2）沟通方式：电话、微信等，关键岗位的准员工可以采用面谈。

（3）沟通结果反馈：员工关系专员应定期将与准员工的沟通情况通过入职跟踪登记表反馈给用人部门和相关部门，特别是发现其手中有多个录用通知单，入职犹豫等现象,这就意味着有爽约风险,应该及时预警,及时反馈给用人部门和招聘部门,启动备选方案。

二、入职前沟通要点

(一)提供并负责解释入职所需的资料清单

企业要求的入职资料通常包括:个人身份证明,学历学位证书,职称证书,职业资格证书,离职证明(模板包括姓名、身份证号、离职职务、离职原因、劳动合同起止时间、劳动关系解除时间、竞业禁止情况),健康证明(在快消企业是必备上岗条件)、社保公积金缴费确认表,个人介绍(证件照电子版、纸质版3张、100字介绍,主要用于新员工欢迎邮件、帮助同事间尽快熟悉)等。不同企业对这些材料的要求会有较大差异,员工关系专员要做好相关材料用途、办理的解释说明(如是否保险、何时保险,快消企业一般要求入职满3个月才可以办理参保手续)。这些材料可以列表作为录用通知书的附件。

(二)指导准员工办理在原企业的离职手续

准员工在原企业办理离职手续的过程中,难免会出现原企业极力挽留、部分企业(尤其是国有企业)审批流程障碍等各种情况,准员工在应对这些情况时通常缺乏经验,不能很好处置。员工关系专员应指导准员工尽快办理离职手续,为准员工做好服务,增强其归属感和满意度。

(三)做好人资相关资料转接及政策解释

准员工在入职时的问题包括:入职时间、个人档案转移、社保公积金转移、工作居住证变更等。应届毕业生身份的准员工则可能会涉及户籍、派遣证、档案、毕业生就业协议书(通常简称"三方协议")等问题。员工关系专员应做好解释,使各项转接工作得以顺利进行。

知识2　做好入职内部协作准备

新员工刚入职也是一个离职高峰期,这多半是由入职准备不足引起的,充分的入职前期工作准备可减少新员工的焦虑、失望、怀疑等不良情绪。

在准员工正式入职前,人力资源部门应牵头组织多部门协作,提前完成入职的各项准备工作。避免新员工入职当天的忙乱,给新员工留下不好的印象。

好的入职准备将使新员工感受到企业的工作流程高效、有序和规范,也使员工体会到企业对新入职员工的重视,从而提升企业的认同感和自豪感,更快地融入环境,更高效地开展工作。

内部入职准备一般涉及企业的人力资源部、用人部门、行政后勤部门,IT部门,各部门入职准备的工作要点如下。

一、人力资源部门入职前期准备工作

（1）通知部门内部各相关岗位工作人员及相关部门启动新员工入职准备工作。新员工入职前的企业内部协作可通过协作通知单进行。

（2）向用人部门移交新员工招聘过程资料。

（3）准备新员工入职后的相关资料,如员工信息登记表、劳动合同、薪资确认单、保密协议、培训服务协议、员工手册、入职流程指引等。

（4）制订新员工的入职培训计划。入职培训计划由人力资源部门牵头,并与相关各部门培训老师进行确认,培训内容至少应包括组织概况、组织架构、员工手册、规章制度、安全教育、企业福利岗位职责、任职条件、工作要求等内容。

（5）跟踪相关部门的入职准备进展。

二、用人部门入职前期准备工作

（一）编制新员工的录用条件确认书

录用条件在制定时应坚持目标管理的SMART原则:

"目标管理"是管理学大师彼得·德鲁克(Peter Drucker)1954年在其名著《管理实践》中最先提出的,其后他又提出"目标管理和自我控制"的主张。

目标管理是以Y理论为基础的,即认为在目标明确的条件下,人们能够对自己负责。德鲁克认为,并不是有了工作才有目标,而是相反,有了目标才能确定每个人的工作。所以"企业的使命和任务,必须转化为目标"。管理者应该通过目标对下级进行管理,当组织最高层管理者确定了组织目标后,必须对其进行有效分解,转变成各个部门以及各个人的分目标,管理者根据分目标的完成情况对下级进行考核、评价和奖惩。

1. S=Specific(明确性)

明确就是要用具体的语言清楚地说明要达成的行为标准。

示例:目标——"增强客户意识"。这种对目标的描述就很不明确,因为增强客户意识有许多具体做法,如过去招聘计划完成率是93%,把它提高1.5%或者1%。

2. M=Measurable(可衡量性)

衡量性就是指目标应该是明确的,而不是模糊的。

示例:"为所有的老员工安排进一步的管理培训"。进一步是一个既不明确也不容易衡量的概念,到底指什么? 是不是只要安排了这个培训,不管谁讲,也不管效果好坏都叫"进一步"?

改进一下:准确地说,在什么时间完成对所有老员工关于某个主题的培训,并且在这个课程结束后,学员的评分在85分以上,低于85分就认为效果不理想,高于85分就是所期待的结果。这样目标变得可以衡量。

3. A=Attainable(可达成性)

目标是要能够被执行人所接受的,通过努力能够实现的。

示例:这个方案周五完成并确保下周一中标。一旦这个目标真完成不了,下属有一百个理由推卸责任:我早就说了,这个目标肯定完成不了,但你坚持要压给我。

改进一下:这个方案周五可以完成吗? 需要其他人配合吗? 咱们分一下工? 方案语言要规范,要包含技术方案、报价、维护方案等。

4. R=Relevant(相关性)

目标的相关性是指工作目标的设定要和岗位职责相关联,不能跑题。

示例:一个前台,让她学点英语以便接电话的时候用得上,这时候提升英语水平和前台接电话的服务质量有关联,即学英语这一目标与提高前台工作水准这一目标直接相关。若让她去学习薪酬核算,就和岗位职责不相关了。

5. T=Time-based(时限性)

目标时限性就是指目标是有时间限制的。

示例:公司承接了2025年斯巴达勇士马拉松志愿者项目,要完成170个斯巴达勇士马拉松志愿者招聘。

改进一下:公司承接了2025年斯巴达勇士马拉松志愿者项目,要在2025年5月31日之前完成170个斯巴达勇士马拉松志愿者招聘。5月31日就是一个确定的时间限制。没有时间限制的目标没有办法考核，或带来考核的不公。上下级之间对目标轻重缓急的认识程度不同，上司着急，但下面不知道。到头来上司可能暴跳如雷，而下属觉得委屈。这种没有明确的时间限定的方式也会带来考核的不公正，伤害工作关系，伤害下属的工作热情。

（二）确定新员工的导师

导师一般由主管和有经验、有耐心、愿分享的老员工担任。

（三）制订新员工的试用期工作计划

明确工作内容及考核标准。

（四）制订新员工的业务培训计划

培训内容主要为产品介绍、工作职责、工作流程、业务技能等。

三、行政部门入职前期准备工作

（1）准备新员工的工卡、办公电脑、办公用品等，确保新员工入职当天可随时申领。

（2）准备新员工的办公环境，包括办公位置、办公家具、办公电话等，安排做好新工位的保洁。

四、IT部门入职前期准备工作

开通各类办公软件系统账号，包括邮箱、OA、人力资源系统、网络权限、门禁等。

知识3　做好入职资料审查

入职资料审查是避免今后可能发生的劳动争议的第一道关口。通过入职资料审查,企业可以避免与潜在的不满足录用条件的准员工建立劳动关系,入职资料审查无误后,方可进入劳动合同签署环节。

一、相关资料收集

在收集相关资料的过程中,有从员工收集的资料,可以选择收取待入职员工的纸质资料,有入职系统的公司也可以让入职员工扫码提交相关资料;也有公司内部各部门间需要准备的资料。

2-8:视频
入职资料
收集

(1)员工个人简历1份;

(2)身份证、相关毕业证、学历证、各类资质等级证书复印件各1份(验原件);

(3)盖有上家单位公章或人力资源部章的离职证明(最好是公章,更可信);

(4)一寸彩色照片3张和电子照片(用于办理工卡等证件);

(5)指定或者符合要求医院的入职体检表1份;

(6)入职登记表1份;

(7)员工签名的入职承诺书1份(如有必要,员工签名的保密及竞业协议);

(8)面试评价表1份(有需要的还有背景调查表1份),从公司相关人员处获取。

注:以上复印件在与原件核对无误后,须由新员工在身份证复印件上书写"与原件一致、由×××提供"并签字确认,采用系统提交的,系统里应有这个确认流程。

二、入职资料验证

在招聘环节仅要求新员工提交部分证明资料,这个环节的主要任务是测评其是否符合任职资格。因此,在入职手续办理时,为了把好第一道关,人力资源必须进行认真审查,避免虚假信息对企业产生的潜在风险。

在进行入职材料真伪验证时,验证的项目包括以下五个方面。

(1)身份信息,审查内容:身份证号码,主要通过身份证、户口本查证。

(2)教育经历,审查内容主要包括起止时间、毕业院校、学历学位、专业,主要通过学信网查询。

(3)职业资格,审查内容包括证书名称、盖章、取得时间、证书等级,主要通过证书网站查询。

(4)离职证明,审查内容包括离职岗位及职务;离职原因;劳动合同起止时间;解除时间(如尚未解除或者终止,会给其他用人单位造成损失);竞业禁止情况(与其他用人单位存在竞业协议、涉嫌侵犯其他企业的商业秘密）。主要审查离职证明原件，必要时与对方HR进行联系确认、查证。

（5）健康状况审查，主要审查入职人员的既往职业病、工伤情况，保证员工的身体状况能够胜任新岗位工作，在集体生活中不会造成传染病流行，不会因为个人身体原因影响他人。注意：企业应根据岗位要求，制定相应的入职体检标准，同时注意入职体检标准避免就业歧视。

知识4　签署入职文件

员工入职手续办理是新员工签署各类劳动合同、协议,领取入职材料的过程,主要包括:

一、发放入职流程指引

入职流程指引包含的内容包括:

(1)提交入职材料;

(2)填写员工信息登记表、签订员工录用条件确认书;

(3)签订劳动合同、薪资确认单、保密协议、培训协议;

(4)熟悉办公环境、参观各部门,与各部门负责人见面;

(5)领取并自学员工手册,阅读领取签字书并在回执上签字确认;

(6)确认工位、领取员工卡、办公用品;

(7)测试各办公软件系统账号;

(8)参加公司新员工培训,公司层面的培训内容主要包括:企业概况、组织架构、员工手册、规章制度、安全教育、企业福利、企业文化(含历史、使命、价值观等)等;

(9)参加部门业务培训,根据各个部门具体业务,主要培训工作流程、工作平台、工作事项等。

2-9:视频
劳动合同
订立时间、
形式及违
法责任

二、员工信息登记

新员工入职时首先必须填写员工信息登记表。新员工填写的表格,可以让企业详细了解新员工的户籍信息、教育经历、工作经历、健康状况等,也是员工承诺各项信息真实性和诚信的具体体现。

员工信息登记表

基本情况						
姓　　名		性　　别		出生日期	年　月　日	
民　　族		籍　　贯		档案所在地		照片
职　　称		政治面貌		婚姻状况		
身　　高		血　　型		健康状况		
所属部门		入职岗位		入职时间		
最高学历		毕业院校及专业				

现居住地址				手机号码	
户口所在地		人事档案现存单位		有无驾照	
电子邮箱		紧急联系人		联系电话	
社保情况	在已参加社保项目前打"√"：□医疗　养老　失业　工伤　生育□住房公积金				
身份证号					

家庭主要成员（父母、配偶、子女、紧急联系人）	与本人关系	姓名	工作单位或者居住地址	联系方式	备注

保险受益人	

学习经历（从中学开始填，包括受过的重要培训或者训练）						
学校	起止时间	专业	学历学位	证明人	电话	备注

工作经历（按时间倒序填写）						
序号	单位名称	起止时间	岗位	离职原因	证明人	联系方式

本人声明：
1. 本人声明现在与其他任何公司均不存在劳动关系,也未签订保密协议与竞业限制条款,无未尽法律事宜,否则由此产生的任何后果一律由本人承担。 2. 本人确认,公司已如实告知工作内容、工作地点、工作条件、职业危害、安全生产状况、劳动报酬以及本人要求了解的情况。 3. 本人在本表中填写的个人信息、学历证明、资格证明、身份证明、工作经历等个人资料均真实,并愿意接受相关背景调查。本人充分了解上述资料的真实性是双方订立劳动合同的前提条件,如有弄虚作假或隐瞒的情况,属于严重违反公司规章制度,同意公司有权解除劳动合同或对劳动合同做无效认定处理。 4. 本人确认,本表所填写的通信地址为邮寄送达地址,如今后地址变更,本人将及时通知公司。公司向本人提供的通信地址寄送的文件或物品,如果发生收件人拒绝签收或其他无法送达的情形的,本人同意,从公司寄出之日起视为公司已经送达。 　　　　　　　　　　　　　　　　　　　　　　　　　签字: 　　　　　　　　　　　　　　　　　　　　　　　　　日期:　　年　月　日

三、确认录用标准

在办理入职手续时,企业必须与新员工签署事先拟定好的员工录用条件确认书。如未对录用条件进行确认,企业将无法以"试用期不符合录用条件为由"单方解除劳动合同。

员工录用条件确认书

姓　　名		身份证号	
部　　门		岗　　位	
试 用 期	年 月 日 至　　年 月 日		
录用条件	1. 2 3.		
员工确认	本人已认真阅读并充分理解录用条件确认书,同时承诺,如达不到录用条件,本人愿意接受公司依法解除劳动合同的行为。 　　　　　　　　　　　　　　　签字: 　　　　　　　　　　　　　　　日期:　　年　月　日		

四、签署合同协议

《劳动合同法》规定:"用人单位自用工之日起即与劳动者建立劳动关系","用人单位应当自用工之日起一个月内签署劳动合同","用人单位自用工之日起超过一个月不满一年未与劳动者订立书面劳动合同的,应当向

2-10:视频　签订劳动　合同的规　范流程

劳动者每月支付二倍的工资"。"用人单位自用工之日起超过1年未与劳动者订立书面劳动合同的,视为签订无固定期劳动合同"。

入职时签署的合同、协议包括但不限于表2-3所列内容:

2-11:视频评价劳动合同

表2-3 入职签署合同、协议种类及要点说明

序号	合同、协议	要点说明
1	劳动合同	入职一个月内必须签署
2	员工手册	入职一个月内签署
3	薪资确认单	包括薪资结构、薪资水平、福利说明等
4	保密协议	保守商业秘密是员工的一项义务,员工如违反给公司造成损失应承担赔偿责任
5	培训服务协议	可约定员工的服务期;员工如违反服务期约定,公司可索要赔偿
6	竞业协议	竞业协议通过对员工竞业限制以保护公司利益;签订竞业协议后,公司必须在员工离职后一定期间内按月给予经济补偿,协议方才生效

知识5 做好入职引导

入职引导是帮助新员工进入工作状态的第一步。入职引导流程详见图2-1。

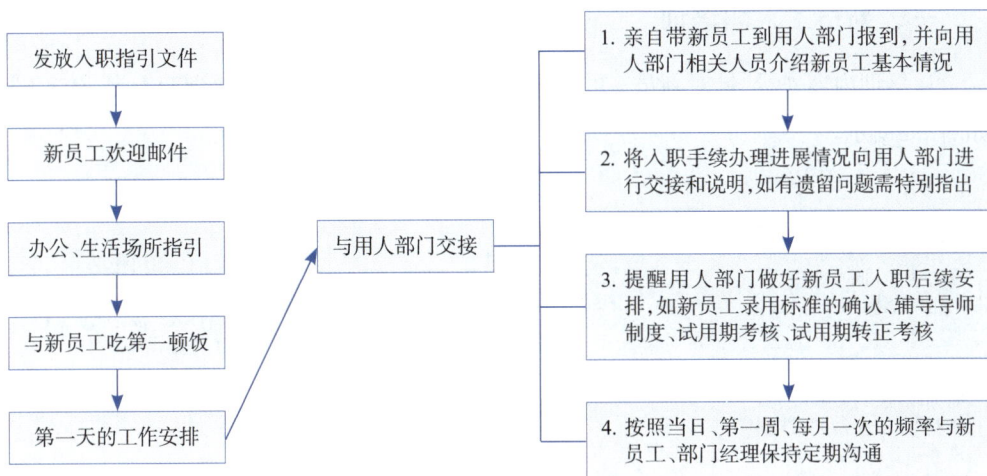

图2-1 入职引导流程图

知识6 做好入职培训

新员工入职培训是招聘环节的最后一道流程,是帮助新员工适应公司、融入团队和岗位的关键环节。

一、新员工入职培训

从培训内容来看,针对新员工的培训一般分为公司培训和部门培训两大类,流程图如图2-2所示。

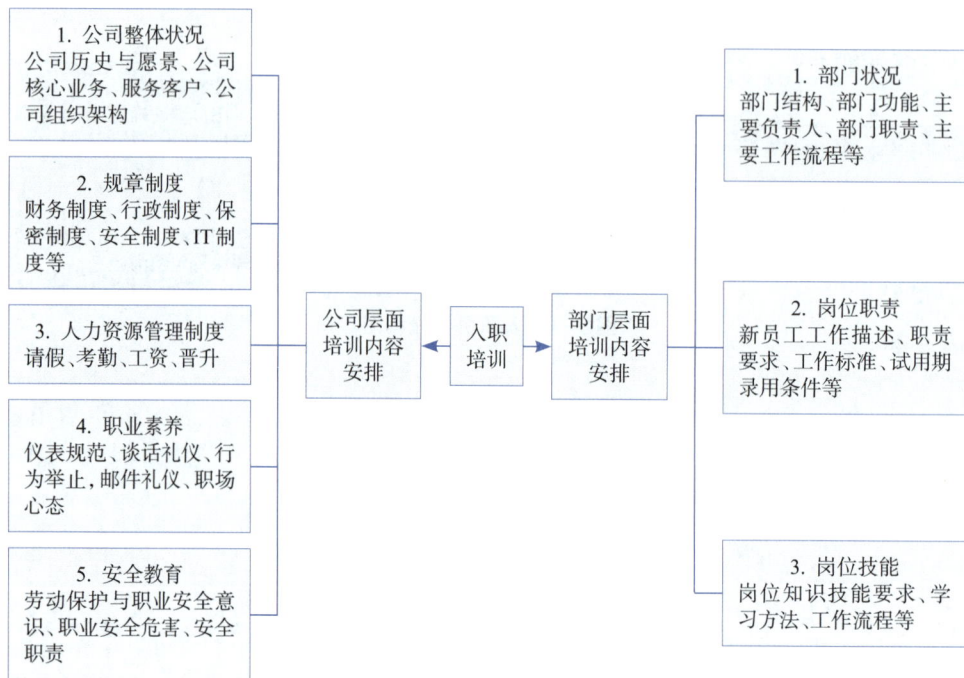

图2-2 入职培训内容流程图

二、入职培训的闭环管理

有培训必有考核,没有考核的培训是不完整的。新员工培训中应让员工签字、参加培训考试,并进行培训效果评估。

专业技能操作

技能1 填写入职跟踪登记

根据学习情境和任务要求填写入职跟踪登记表，主要跟踪内容为离职进展情况，入职材料准备情况，同时解答人资相关问题，避免入职爽约。

入职前期跟踪记录表

员工个人基本信息	姓　　名		性　　别	
	出生年月		联系电话	
	邮　　箱		微　　信	
	身份证号			
员工录用基本信息	录用部门		录用岗位	
	录用薪资		到岗时间	
入职前期跟进记录	离职进展情况			
	入职材料准备情况（解释准备材料的用途）			
	解答人资相关问题			

技能2 填写新员工入职准备协作工作通知单

根据学习情境、任务要求、相关知识完成新员工个人入职准备协作工作通知单，主要内容包括人力资源部门、用人部门、行政后勤以及IT部门的工作准备要点。

入职准备协作工作通知单

员工个人 基本信息	姓　　名		性　　别	
	出生年月		手机号码	
员工录用 基本信息	录用部门		录用岗位	
	到岗时间		特殊情况说明	
请各负责人于　　年　　月　　日前完成以下各项工作				
序号	责任部门	入职准备工作事项	负责人	完成确认
1	人力资源部门	入职合同、协议准备，包括员工信息登记表、劳动合同、薪资确认单、保密协议、培训服务协议、员工手册、入职流程指引等		
2		向用人部门移交面试资料，包括新员工个人简历、职业测评结果、笔试面试评价等		
3		制定公司新员工培训计划		
4		跟踪相关部门的入职准备工作进度		
5	用人部门	编制录用条件确认书		
6		确定新员工的辅导导师		
7		制定员工试用期工作计划		
8		制定部门新员工培训计划		
9	行政部门	准备新员工的工卡、办公电脑、办公用品等		
10		准备新员工的办公环境		
11	IT部门	开通各类办公软件系统账号		

技能3 填写入职资料归档审查记录表

根据学习情境、任务要求、相关知识完成入职资料归档审查记录表,列出收集归档资料清单,明确资料收集要求,验证要点和验证方式。

入职资料归档审查记录表

员工姓名			身份证号	
所属部门			岗　　位	
序　　号	资料名称	资料要求	验证要点	验证方式
1				
2				
3				
4				
5				
6				
7				
8				

归档人:　　　　　审核人:　　　　　　　审核日期:

技能4　签署入职文件

根据学习情境、任务要求、相关知识制作入职流程指引单。

一、填写入职流程指引

×××,您好!

　　欢迎加入×××公司这个大家庭。为帮助您顺利完成入职手续的办理,请参照以下入职流程完成入职各项手续的办理工作。如在办理过程中有任何疑问,请随时向我咨询。(手机:　　　　　　,分机　　　　)

×××

年　月　日

入职流程指引单

序号	流程内容	完成时间	流程说明	联系人
1				
2				
3				
4				
5				
6				
7				
8				
9				

二、填写信息登记表

引导拟入职人员根据工作情境填写信息登记表。

三、签署录用条件确认书

录用条件确认书

员工姓名		身份证号	
所属部门		岗　　位	
试用期	年　　月　　日　至　　　年　　月　　日		
录用条件	（1） （2） （3） （4） （5）		
员工确认	本人已认真阅读并充分理解本录用条件确认书,同时郑重承诺如达不到录用条件,愿意接受公司依法解除劳动合同的行为。 签字：　　　　　　　　　日期：		

技能5 制作新员工入职索引与入职欢迎邮件

华兴公司的办公地址就是今天上课的教室,根据学习情境、任务要求、相关知识制作新员工入职索引与入职欢迎邮件。

一、制作入职索引

新员工入职索引单

×××:

您好! 您已顺利完成入职手续的办理,恭喜您已正式成为华兴公司的一员。以下是入职后的一些常见注意事项,如有疑问欢迎随时与人力资源部的(手机:)联系。

您的部门及岗位

新 员 工:	部门:	岗位:
辅 导 员:	手机:	
直接主管:	手机:	
部门经理:	手机:	

日常办公软件

序号	软件名称	主要功能	登录地址	账号	密码

注:账号密码一般为本人工号,请登录后及时修改。

联系人

序号	姓名	部门	职责	手机	备注
		行政部	文件收发、办公用品领取		
		网络部	办公软件系统管理、办公网络维护		
		人力资源部	考勤统计、薪资核算		

注:通讯录请登录通讯软件或者OA下载。

上下班时间及地点

上下班时间: 9:00—18:00,12:00—13:00 为午餐、午休

出入办公区域均请刷工卡,考勤以刷卡时间为准

地点:

发薪日期

每月×日发放上月薪资,薪资会直接发至公司为您办理的银行卡中到×××处领取,并请及时修改初始密码)。

办公区域图

(略)

公司信息

通信地址:	
邮编:	
总机:	
传真:	

周边交通

二、发出入职欢迎邮件通知

欢迎新员工邮件通知单

邮件主题: _____部门_____岗位_____(姓名)入职手续已办理完毕的通知					
姓　　名		性　　别		年　　龄	
部　　门		岗　　位		手机号码	
邮　　箱		爱　　好		工　　位	
自我介绍					
生活照					
				人力资源部 年　月　日	

技能6 制作培训计划

编制公司层面培训计划

序号	培训分类	课程内容设计	课程设计目的
1			
2			
3			
4			
5			

编制用人部门层面培训计划

序号	培训分类	课程内容设计	课程设计目的
1			
2			
3			

展示评价

1. 按照任务单要求，进行成果展示
2. 扫码下载学习评价表，完成组内成员互评、小组评价并提交

2-13：学习评价表

项目二　学习评价表

评价项目		评价内容	评价要点	分值	评价手段及得分		
					小组	教师	得分
专业知识	入职跟踪	入职前的定期沟通及沟通要点	掌握入职前沟通的方式方法与要点	5	客观测试		
	入职内部协作准备	企业的人力资源部、用人部门、行政后勤部门、IT部门的入职准备工作要点	掌握企业的人力资源部、用人部门、行政后勤部门、IT部门的入职准备工作要点	5			
	入职资料审查	收集相关资料并验证	掌握收集相关资料的内容及验证	5			
	签署入职文件	集中签署涉及劳动关系的各类合同、协议，并让新员工对企业规章制度等进行确认	掌握集中签署涉及劳动关系的各类合同、协议，并让新员工对企业规章制度等进行确认	5			
	入职引导	入职引导的要点	掌握入职引导的要点	5			
	入职培训	入职培训内容	掌握入职培训内容	5			
专业技能	入职跟踪	填写入职跟踪记录表	填制齐全、准确，每处错误扣1分	7			
	入职内部协作准备	制作入职内部协作准备通知单	填制完整、齐全、准确，每处错误扣1分	7			
	入职资料审查	入职资料归档审查记录表	填制完整、齐全、准确，每处错误扣1分	7			
	签署入职文件	制作入职流程指引与录用条件确认书	流程正确、完整、齐全、准确，每处错误扣1分	7			
	入职引导	制作新员工入职索引与入职欢迎邮件	流程正确、完整、齐全、准确，每处错误扣1分	7			
	入职培训	制作培训计划	结构完整、准确、齐全，每处错误扣1分	7			

（续表）

评价项目		评价内容	评价要点	分值	评价手段及得分		
					小组	教师	得分
职业素养	组织纪律	服从性	服从组长安排、不旷工、不迟到早退、不中途离开现场、不做与项目无关的事情	2			
	沟通协作	有效沟通	分工合理,按规定流程进行操作,进行有效沟通	2			
	工作态度	积极性	工作积极主动,认真负责、恪守诚信、追求严谨	2			
	工作效率	按时性	保持良好的工作环境、桌面整洁干净、有效利用各种工具,按时完成任务,错误率控制在10%以下	2			
思政评价	课前准备	笔记、资料收集、项目准备情况检查	齐全度、完整度、精准度检查,提升学生参与的积极性	5	教师主观评价(采取面谈法了解学生思想情况,关注学生的态度与情感等内在指标)×70%+客观评价×30%		
	课中参与	观察记录学生参与情况	讨论、分组发言、提问,以及其他互动环节的频度与质量的评价	5			
	课后作业	课后项目作业完成情况	特别检查学生所写文字的情感色彩与态度	5			
	课外活动	记录学生参与课外活动的积极性及表现	包括第二课堂、大赛、课后打扫教室卫生等活动	5			
总计				100			

项目三

试用期管理

学习目标

❶ 知识目标

1. 明确新员工试用期管理工作内容及考核流程
2. 掌握约定新员工录用条件的事宜及关键流程
3. 掌握新员工导师辅导机制建设内容
4. 掌握新员工访谈工作要点
5. 掌握建立新员工试用期考核机制
6. 掌握新员工转正与依法合规辞退操作要领

❷ 能力目标

1. 能够填写转正员工试用期工作跟踪汇总表
2. 能够制作录用条件确认书
3. 能够填写试用期辅导工作要点清单
4. 能够开展并填写试用期员工面谈记录表
5. 能够进行试用期员工考核

❸ 素质目标

1. 通过员工试用期工作跟踪汇总表,培养关心他人、服务企业的奉献精神
2. 通过制作录用条件确认书,提高依法依规用人意识
3. 通过试用期辅导工作要点清单,培养乐于助人高尚情怀

4. 通过制作试用期解除劳动合同通知书，培养标准化流程严谨工作风格

【学习情境】

因业务发展迅速，人员招聘量比较大，7月8日当天不同时间段上海总部共有15名新员工准备入职，其中10名是校招的研发管培生、5名是主管或经理级管理人员，其试用期约定及考核情况详见表3-1。

表3-1　入职人员一览表

序号	姓名	性别	学历	部门	岗位	待入职时间	拟签订劳动合同时限	试用期	备注
1	曹玉熙	女	本科	市场部	主管	7月8日	五年	六个月	提前转正
2	秦依依	男	本科	产品部	主管	7月8日	五年	六个月	不予转正
3	张玉	女	本科	研发中心	管培生	7月8日	三年	三个月	按时转正
4	王磊	男	专科	研发中心	管培生	7月8日	三年	三个月	提前转正
5	李铭	男	本科	市场部	管培生	7月8日	三年	三个月	不予转正
6	赵辉	男	专科	市场部	管培生	7月8日	三年	三个月	按时转正
7	王菲菲	女	博士	架构中心	经理	7月8日	五年	六个月	提前转正
8	梁小慧	女	本科	架构中心	主管	7月8日	五年	六个月	不予转正
9	曲歌	女	本科	架构中心	管培生	7月8日	三年	三个月	按时转正
10	许小青	女	专科	架构中心	管培生	7月8日	三年	三个月	提前转正
11	周大法	男	硕士	市场部	经理	7月8日	五年	六个月	不予转正

（续表）

序号	姓名	性别	学历	部门	岗位	待入职时间	拟签订劳动合同时限	试用期	备注
12	张小静	女	本科	市场部	管培生	7月8日	三年	三个月	按时转正
13	孙玉阁	男	专科	市场部	管培生	7月8日	三年	三个月	提前转正
14	李辰刚	男	本科	测试中心	管培生	7月8日	三年	三个月	不予转正
15	谢金龙	男	本科	测试中心	管培生	7月8日	三年	三个月	按时转正

⚓ 工作任务

上述15位员工进入试用阶段，现在我们要明确新员工的试用期管理工作都有哪些？企业应当如何约定新员工录用条件？怎样通过导师指导新员工尽快融入工作？应当如何通过新员工访谈了解情况？怎样建立新员工的试用期考核机制？新员工申请提前转正有哪些利和弊？怎样才能依法合规辞退试用期员工？试用期员工的常见管理误区有哪些？

请按照背景信息和情境完成下列任务。

任务1　做好试用期考核

3-1：任务单

（1）角色扮演：4～5人为一组，1人是人力资源专员，1人是试用期导师，1人是用人部门经理，其余2～3人在待转正15人之列。

（2）填写转正员工试用期工作跟踪汇总表，主要包括入职培训考试、试用期工作任务考核、行为表现评价。

任务2　约定入职人员录用条件

3-2：任务单

（1）角色扮演：4～5人为一组，3人是入职人员，1人负责用人部门入职准备工作，1人负责人力资源部工作。

（2）制作录用条件确认书，人力资源部制作通用录用条件并和员工确认，用人部门根据岗位制作业务能力录用条件并和员工确认。

任务3　制作试用期辅导工作要点清单

3-3：任务单

（1）角色扮演：4～5人为一组，2人是用人部门导师，其余2～3人在试用期员工15人之列。

（2）用人部门导师与试用期员工共同商定试用期辅导工作要点，填写试用期工作要点清单。

任务4 开展试用期新员工面谈

3-4：任务单

（1）角色扮演：4～5人为一组，2～3人在试用期员工15人之列，其余2～3人是导师。

（2）导师根据工作情境和相关面谈要点提问，试用期员工负责回答问题并做相关记录，完成面谈记录并签字。

任务5 制作试用期解除劳动合同通知书

3-5：任务单

（1）角色扮演：4～5人为一组，2～3人在试用期员工15人之列，1人不予转正，1人是HR。

（2）请根据工作情境中上述4个任务完成情况对不予转正的员工出具试用期解除劳动合同通知书。

任务单 3-1　　做好试用期考核			学时：1
班　　级		小　　组	
组　　员			
准备工作	1. 课前认真阅读学习情境及相关资料 2. 准备电脑、教材和笔，做好常规准备工作		
任务描述	1. 角色扮演：4～5人为一组，1人是HR，1人是试用期导师，1人是用人部门经理，其余2～3人在待转正15人之列 2. 填写转正员工试用期工作跟踪汇总表，主要包括入职培训考试、试用期工作任务考核、行为表现评价		
任务要求	1. 能够准确填写考核项目 2. 能够根据岗位填写试用期考核评价标准 3. 能够完成考核表		
成果展示	转正员工试用期工作跟踪汇总表		

小组活动记录表			
时　　间		地　　点	
主　　题			
主要内容			
主持人：		记录员：　　　　　　　　　　汇报人：	

班 级		小 组	

组 员			

任务单3-2 制作录用条件确认书 　　学时：1

准备工作	1. 课前认真阅读学习情境及相关资料 2. 准备电脑、教材和笔，做好常规准备工作
任务描述	1. 角色扮演：4～5人为一组，3人是入职人员，1人负责用人部门入职准备工作，1人负责人力资源部工作 2. 制作录用条件确认书，人力资源部制作通用录用条件并和员工确认，用人部门根据岗位制作业务能力录用条件并和员工确认
任务要求	1. 能够准确填写录用条件 2. 能够根据岗位要求确定录用条件 3. 能够制作录用条件确认书
成果展示	录用条件确认书

小组活动记录表

时 间		地 点	
主 题			
主要内容			

主持人：　　　　　　　记录员：　　　　　　　汇报人：

任务单3-3	制作试用期辅导工作要点清单		学时：1

班　　级		小　　组			
组　　员					
准备工作	1. 课前认真阅读学习情境及相关资料 2. 准备电脑、教材和笔，做好常规准备工作				
任务描述	1. 角色扮演：4～5人为一组，2人是用人部门导师，其余2～3人在试用期员工15人之列 2. 用人部门导师与试用期员工共同商定试用期辅导工作要点，填写试用期工作要点清单				
任务要求	1. 能够明确辅导导师管理制度和导师工作职责 2. 能够确定辅导导师选择标准 3. 能够确定新员工辅导内容				
成果展示	试用期辅导工作要点清单				

小组活动记录表

时　　间		地　　点	
主　　题			
主要内容			

主持人：　　　　　　　　　记录员：　　　　　　　　　汇报人：

任务单3-4 开展试用期员工面谈 学时: 1

班 级		小 组			
组 员					
准备工作	1. 课前认真阅读学习情境及相关资料 2. 准备电脑、教材和笔,做好常规准备工作				
任务描述	1. 角色扮演: 4～5人为一组,2～3人在试用期员工15人之列,其余2～3人是导师 2. 导师根据工作情境与相关面谈要点提问,试用期员工负责回答问题并做相关记录,完成面谈记录并签字				
任务要求	1. 能够拟定面谈提纲与话题示例 2. 明确转正面谈的内容 3. 能够开展试用期员工面谈				
成果展示	试用期员工面谈记录表				

小组活动记录表

时 间		地 点	
主 题			
主要内容			

主持人: 　　　　　　　记录员: 　　　　　　　汇报人:

任务单3-5　制作试用期解除劳动合同通知书　学时:1

班　级		小　组			
组　员					
准备工作	1. 课前认真阅读学习情境及相关资料 2. 准备电脑、教材和笔,做好常规准备工作				
任务描述	1. 角色扮演:4～5人为一组,2～3人在试用期员工15人之列,1人不予转正,1人是HR 2. 请根据工作情境中上述4个任务完成情况对不予转正的员工出具试用期解除劳动合同通知书				
任务要求	1. 填写试用期员工转正申请审批表 2. 能够分析转正与辞退的利弊 3. 能够制作试用期解除劳动合同通知书				
成果展示	1. 试用期员工转正申请审批表 2. 试用期解除劳动合同通知书				

小组活动记录表

时　间		地　点	
主　题			
主要内容			
主持人:		记录员:	汇报人:

📖 专业知识应用

知识1　试用期管理

一、试用期管理目标

通常情况下,用人单位会与劳动者在劳动合同中约定试用期。用人单位设定试用期的目的在于:

(1)通过辅导、培训帮助新员工了解企业用人标准、明确努力方向;

(2)发挥试用期对新员工的激励作用,使新员工尽快进入工作状态;

(3)设立新员工的评估期,降低企业选择人才的试错成本。

二、试用期员工管理重点

明确了用人单位试用期管理的目标,人力资源部门就可以准确把握试用期管理的重点:

(1)明确员工录用标准;

(2)制定试用期员工的考核标准;

(3)建立试用期的培训、辅导体系;

(4)建立试用期考核机制。

三、试用期考核流程

用人单位应建立完善的新员工试用期考核管理制度与考核流程,一般包括以下内容:

3-6:视频
试用期考
核流程

(1)企业制定新员工录用条件,明确新员工的导师、辅导计划。

(2)新员工办理入职手续,并确认试用期导师、辅导计划。

(3)人力资源部门组织新员工参加入职培训,内容主要包括企业整体概况、企业文化、规章制度、组织架构,一般通过笔试对培训效果进行考评;因为笔试最客观,可以避免争议。

(4)用人部门组织新员工参加岗位技能培训,培训的内容包括岗位职责、工作流程、业务技能,一般也通过笔试对培训效果进行考评。

(5)在导师的指导下,新员工参与实际工作,试用期绩效考核与行为表现评价一般就是导师根据工作任务完成情况进行打分。

(6)由人力资源部门牵头组织对新员工定期进行试用期考核,并将考核结果反馈给新员工,向新员工指明改进建议和工作方向。

（7）试用期考核最终得分,一般可用公式:入职培训考试 × 20% + 工作表现得分 ×60% + 行为表现评价 × 20%。

（8）试用期结束前,人力资源部门牵头组织转正考核。通过转正考评的员工,转为正式员工;未通过转正考评的员工,办理离职手续。

知识2 约定录用条件

试用期期间辞退不合格的员工最常用的法律依据就是"在试用期间被证明不符合录用条件的"。

用人单位的新员工录用条件,除业务能力外,还应包括身体因素、能力因素、职业素养、法律因素等方面。

（1）身体因素,指身体健康状况,有无职业病、传染疾病等;

（2）能力因素,指学习教育经历、工作经历、技能资质、绩效考核情况等;

（3）职业素养,指遵纪守法、遵守企业规章制度、具有职业精神等;

（4）法律因素,指是否有真实的离职证明、配合缴纳社保等。

用人单位在设计录用条件时,应包括两部分内容:一部分为员工的业务能力要求,由用人部门根据岗位制定,要求制定时明确具体工作内容,避免后期无法认定其不符合录用条件;另一部分为通用录用要求,由人力资源部门统一规范。

3-7: 视频
试用期不
符合录用
条件

一、人力资源部门统一制定的录用条件

制定统一的录用条件主要是为了在试用期期间判定员工是否存在伪造相关资质的行为,同时规定什么情况下不符合录用条件,以及明确不符合录用条件的处理方式,标准示例如下:

3-8: 视频
录用条件
内容

（1）伪造学习经历、培训经历、工作经历、资质证书的;

（2）个人简历、入职登记表等登记信息与实际不符的;

（3）无法提供企业办理录用、社会保险等所需证明材料的;

（4）入职后不同意购买社会保险或办理社保转移手续的;

（5）与原用人单位未依法解除、终止劳动合同;

（6）与原用人单位存在竞业限制约定且在限制范围之内的;

（7）不能胜任企业安排的工作任务和企业规定的岗位职责的;

（8）患有精神病或按照国家法律规定应禁止工作的传染病,或者身体健康条件不符合工作岗位要求的;

（9）隐瞒曾经受过刑事处罚或纪律处分的事实;

（10）通缉在案或者被取保候审、监视居住的;

（11）试用期考核在70分以下的;

（12）违反企业亲属回避政策未事先说明的;

（13）试用期内请假超过3天或迟到超过2次,或者有旷工现象的;

（14）未经甲方书面许可不按本合同约定时间到岗的;

（15）有其他不符合企业规定的具体岗位录用条件的情形。

二、用人部门制定和运用试用期录用条件的注意事项

用人单位在制定和运用试用期录用条件时，要注意以下几点：

（1）制定录用条件时，要尽量标准、量化、具体，并具有较强的可操作性；

（2）及时向新员工反馈指导的具体情况，以及指导后其仍然不符合工作标准的记录；

（3）如证明员工不符合录用条件，必须在试用期内解除劳动合同，而不能试用期满后提出。

三、录用条件的公示与确认

没有经过公示和确认的录用条件是无效的，不能作为试用期"不符合录用条件"来解除试用期劳动者。所以，用人单位应做好录用条件的公示和确认工作，在实际操作中可以采用以下一种方式或几种方式并用：

（1）在招聘、录用阶段，企业在发出录用通知或聘用函时，应在其中明示录用条件，并要求求职者以书面形式进行确认；

（2）在入职办理阶段，企业应要求新员工签收录用条件确认书；

（3）签署劳动合同时，企业可以在劳动合同中列明具体的录用条件；

（4）将岗位说明书作为劳动合同的附件，或者直接在劳动合同中列明员工的岗位职责。

知识3　导师辅导机制

导师辅导机制能够帮助新员工尽快熟悉并融入岗位。

通过对新员工的辅导,企业可以达到如下目的:

(1)提高新员工在企业的稳定性;

(2)提高新员工的工作意愿和兴趣;

(3)帮助新员工认同企业和行业前程;

(4)强化新员工的专业技能,塑造符合企业价值观的工作态度。

3-9:视频
新员工导师
带教攻略

一、导师管理制度

(一)导师的主要工作职责

(1)制订新员工指导计划(以周计划为例,主要包括培养目标、辅导事项、工作计划),并确认、记录、考评、反馈给新员工;

(2)帮助新员工尽快融入企业环境,包括向新员工介绍其工作流程、职责分工、工作环境及相关同事等,使其消除对新环境的陌生感,尽快进入工作角色;

(3)对新员工进行业务指导,培养其独立工作能力;

(4)在日常工作、生活中与新员工随时沟通,及时掌握新员工工作心态;

(5)对新员工的工作进度和质量进行评估。

可以看出,导师要想高质量地完成上述工作,需要具备良好的工作习惯(善于制定计划);业务能力很强,能够指导新人迅速完成工作;有爱心并善于和新人交流。担任导师工作后,一是帮助新人成长需投入精力,增加了工作量,二是会在一定程度上影响自己的工作,为了激励导师高质量地完成辅导工作,企业应建立导师的考核和激励制度,如将部门新员工试用期合格率、指导满意度指标作为导师的考核指标项,在辅导期向导师提供辅导津贴、浮动薪资等。

(二)导师角色

第一角色是同事,你们在工作上多多少少会有交叉,需相互配合协作,保证工作完成。

第二角色是教练,在工作过程中应将相关的方法、技巧等分享给新同事,提升工作效率。

这两个角色是以工作为中心的角色,目的是帮助新人更快地融入工作,完成工作绩效。

第三角色是朋友,也是影响新员工留存的最重要的一个因素。对新人的关心,除了体现在工作上以外,还体现在对其情绪、心理感受(有落差还是超预期)的细致观察,消除他们的疑虑。这个阶段他们比较敏感,如果有朋友一样的导师在身边,会让他们感受到组织的温暖,更快融入且有归属感。

二、导师选择标准

导师选拔可以参考如下标准:
(1)与被辅导新员工在同一工作地点工作;
(2)是新员工的直接上级或胜任本岗位工作一年以上的资深员工;
(3)认同企业文化,为人热情,乐于助人,具有良好的沟通能力;
(4)熟悉岗位业务操作程序和相关技术知识。

三、辅导内容

(一)文化传承

1. 公司培训
公司培训一般会在新人入职之后的2周之内进行,导师应该在公司培训前给新人提供文档材料,为公司培训做一个铺垫。

在完成培训的2周后建议请新人写一篇心得体会,了解新人的接受程度。

2. 导师宣贯
在进行公司培训前,新人对公司文化的认识往往一无所知,所以导师有责任在公司培训前就做一些文化宣贯的工作。

时间上最好是新人入职后就进行;沟通方式应该采用面对面的正式形式;避免空洞的概念灌输,最好提前准备一些案例,围绕案例进行宣贯。

3. 身体力行
公司文化仅仅靠宣贯,效果必定不好。比如传承"平等交流"的文化,就需要导师在和员工沟通交流的过程中注意听取员工的意见,对其好的方面给予积极的肯定,对不适合的地方不是简单否认,而是通过实例或者道理来说明。

(二)工作方法

1. 理论培训
流程规范分为公司、部门以及项目组的流程规范。公司和部门级别的流程规范有专门的培训进行讲解,项目组级别的流程需要导师一对一讲解。

2. 实践方法
培训只是一个铺垫,导师需要给新人安排实际操作的机会。除了参与实际工作之外,可以采用练习题的方式,要求新人按照实际的流程规范进行。

3. 日常训练

这个就需要导师平时注意观察新人的工作方式,尤其是"第一次"最重要,一旦发现问题,不仅需要指出,而且有必要让其重新来过,仅仅说声"下不为例"不可取。

(三)业务知识

1. 导师讲解

导师讲解的时机建议选择在新人通过文档学习形成一个整体概念后。

讲解的方式建议采取问答式,讲解的安排建议根据内容多少划分成阶段,给新人以思考和吸收的时间。

2. 新人串讲

新人串讲是考察新人对业务知识的理解程度,所以应该让新人在串讲之前准备提纲性的文档,导师应该进行审阅,重点还是总体框架和将来的工作点。

(四)工作方法

工作方法主要包括制度、流程、规范,各部门职责与分工,良好的请示汇报工作习惯。

(五)入职第一天:融入工作

(1)导师友善地将公司环境介绍给新员工,使其消除对环境的陌生感,协助其更快地进入状态。

(2)指导新员工熟悉工作环境和周边生活环境。

(3)协助安排新员工的办公布置、办公用品置办。

(4)介绍并辅导新员工学习企业规章制度,其中重点说明、薪资发放及调薪政策、岗位晋升政策、企业安全规章制度、休假制度、员工福利措施、考勤制度。

(六)入职第一周:制定辅导计划

辅导计划应具有以下3个特征。

(1)共同制定。新人、经理、导师三方共同参与,并且达成一致。经理负责方向及目标的把握,应与公司、团队的整体目标一致;引导新人参与制定与讨论,让新人对自己的成长负责;导师根据目标设定进行任务分解,及辅导内容的确认;最后三方就整个辅导过程中的沟通、反馈、监督机制达成共识。

(2)有针对性。辅导内容不能只针对KPI内容设置,应全面综合。新人在试用期,除了工作上需要尽快获得肯定、认同外,心理上也处于敏感期,应多多关注新人的心理变化。

(3)有可操作性。应对辅导计划进行效果评估,保证新人的成长性。

（七）辅导期内：推动辅导计划执行

1. 日常检查

需要关注任务的执行，导师要经常检查进展情况，至少每天一次，实时了解新人完成任务过程中出现的问题，并给予及时的指导。

2. 通报制度

新人每完成一个任务都需要进行总结形成书面的报告；导师也应该每周将新人的成长状况和下一步的培养计划上报给上级。

3. 面谈

（1）入职的第一天以及第一个月的每一周都应该与新人面谈一次。

（2）每个月应该至少安排一次面谈。

4. 进度控制

进度延迟时不要轻易改变进度，应该尽量通过其他方式避免损失。任务提前完成，需要关注任务完成的质量，同时需要根据当前任务的情况对后续任务安排进行适当的调整。

（八）辅导结束：总结评估

（1）指导新人完成试用期自评和工作汇报。

（2）协助经理进行新人的试用期考核。

（3）新人和经理对导师进行评价。

知识4 试用员工访谈

面谈是一个良好的沟通渠道,有利于建立互信关系,增进个人之间、个人和团队的相互了解,同时,通过面谈可表达出重视,统一和校准目标、进度、标准及预期等,有利于发现问题,跟进效果,提供反馈和支持。所以对于试用期员工应进行多层次的面谈。

3-10: 视频
入职满月
员工访谈

一、定期面谈

定期面谈的内容如下。

(一) 工作习惯

了解团队成员的工作习惯后,便可以选择更有针对性的方式来帮助大家提高工作效率。面谈问题示例:

(1) 你一天当中效率最高的时段是几点到几点? 什么时段你觉得精力和注意力都比较差? 如果希望在一个工作日内有高效的产出,需要什么样的条件?

(2) 上周你浪费了最多时间的事情是什么? 最大的阻碍是什么?

(3) 如果你被某些工作上的困难阻碍住了,会采取什么样的措施? 你会向团队里的哪个人求助?

(二) 团队合作与团队关系

改善团队内部成员互相之间的关系,可以提升整个团队的生产效率。合适的沟通方式可以帮助管理者发掘隐藏的问题。

面谈问题示例:

(1) 团队中有谁对你有很大的启发吗? 你最尊重谁? 为什么?

(2) 团队中有没有你觉得很难共事的人? 为什么?

(3) 你认为团队成员互相之间的沟通和反馈充分吗? 大家反馈过对于你的看法吗? 你希望从大家或我这里听到更多的反馈吗?

(4) 你认为如何才能促进大家更好地协作? 对于我们目前的团队合作状况,有什么建议吗?

(三) 团队幸福感

团队幸福感对于工作效率和敬业度(Employee Engagement)具有无可争议的巨大影响。一对一谈话是发掘幸福感相关问题的最佳时机。抓住这些机会,就可以帮助你的团队更开心地工作。

面谈问题示例：

（1）你在这里工作开心吗？你对于近期的工作满意吗？为什么？

（2）你喜欢什么样的项目？促使你选择项目的因素是什么？能说出三件让你更喜欢现在的工作的事情吗？

（3）你在工作中取得最大的成就是什么？你为这些成就感到自豪吗？

（4）你最困扰的事情是什么？你认为自己的价值和能力被低估了吗？为什么？

（四）短期计划

面谈问题示例：

（1）你在这里工作开心吗？你对于近期的工作满意吗？为什么？

（2）你喜欢什么样的项目？促使你选择项目的因素是什么？能说出三件让你更喜欢现在的工作的事情吗？

（3）你在工作中取得最大的成就是什么？你为这些成就感到自豪吗？

（4）你最困扰的事情是什么？你认为自己的价值和能力被低估了吗？为什么？

（五）长期目标

长期目标的进展对于团队成员个人的成就感和幸福感很重要。只有大家认为工作能够帮助推动实现个人长远的人生目标时，才会有动力全身心投入工作。管理者需要了解团队成员的目标和计划，并判断现在的工作能不能符合他们的需求。

面谈问题示例：

（1）接下来三年你希望达成什么样的成就？

（2）你的长期目标进展如何？接下来想要做什么？我们如何才能帮助你取得进展？

（3）现阶段工作中同你的长期目标关联最大的内容是什么？你想要参与什么样的项目中来更好地推进长期目标？

（六）个人成长

员工的个人成长是管理者最需要关心的问题之一，成长决定了个人未来能够胜任什么样的工作，以及在工作分配中提供什么样的机会。

面谈问题示例：

（1）你觉得在工作中能学到东西吗？你最近学到了什么？你还希望在哪些领域进行学习？

（2）你希望学习谁的经验或专业技能？你希望从谁那里获得工作反馈？

（3）你获得足够的反馈了吗？反馈对于你的个人成长有帮助吗？你希望我做些

什么来帮助你获得所需要的反馈?

（4）你需要更多的教练式辅导吗? 你希望工作中的哪些方面能得到辅导?

（七）管理改进

团队成员如何评价你和你的管理风格? 从直线汇报者那里获得真实的反馈是一项颇具挑战性的工作。在谈话中,需要铺垫好基调,并慎重地选择提问方式和问题。

面谈问题示例:

（1）作为你的管理者,我需要做什么能帮助你更顺利地工作?

（2）在我的管理风格中你喜欢哪些部分? 不喜欢哪些部分?

（3）我应该更多还是更少地参与到你的日常工作当中?

（4）我怎么做才能更好地帮到你? 有什么事情我可以做得更好?

（5）有哪些事情我本来可以提供更多帮助却没有?

二、转正面谈

转正面谈是转正考评工作的一部分。人力资源部门应收集新员工的周报、定期面谈记录等,以了解新员工。

转正面谈参加人包括用人部门负责人、导师、HR。如最终通过转正,则应指出工作中存在的不足、今后的改进建议和希望; 如最终将要辞退,则应中肯地分析原因和提出今后改进建议。

转正面谈提纲如下:

（1）入职后对工作是否适应?

（2）是否了解本公司的主营业务、公司规模?

（3）本岗位的职责有哪些?

（4）试用期的主要工作内容和完成情况?

（5）试用期都学到哪些内容,有何感触?

（6）对同事的工作是否满意? 在哪些地方和同事感觉可以配合得更好? 喜欢独立工作还是协助工作?

（7）是否已掌握规章制度、奖惩条例?

（8）对近期的工作是否满意? 如何改进?

知识5　试用期员工考核

试用期员工考核是一件非常复杂的工作,程序比较多,定性考核打分有时会受到被考核员工质疑,每个岗位工作业绩评价不太相同,岗位匹配度难以准确衡量。同时,试用期考核对用人部门、对企业又是非常重要的一环:一是考核可以激励试用期员工更努力的工作,从而通过试用期;二是可以让试用期员工更好的了解企业的文化、工作量、领导的工作方式与工作风格,自己可以衡量是否适应这个企业、这个部门、周围同事、领导;三是可以让企业通过试用期进一步考查该员工是否符合企业的录用条件,避免雇用到不符合录用条件的员工,耽误部门、企业的工作,影响部门领导和同事的和谐相处。企业切不可因为着急用人,冒险让不太符合条件的试用期员工通过考核转正,一旦这种员工被录用到,给部门、企业的工作造成非常大的影响。

3-11:视频
试用期转
正时间与
赔偿

一、考核原则

对试用期员工的考核,应坚持以下原则。

(一)区别对待

试用期员工考核应与正式员工绩效考核独立分开,相对于正式员工以业绩改进为目的的考核,试用期员工的考核是综合考评,需要对其工作业绩、工作态度和岗位匹配度进行全面评价。

(二)及时反馈

对于试用期考核结果证明不符合录用条件或能力明显不适应工作需求、工作缺乏责任心和主动性的员工,企业要及时按规章制度与其解除劳动合同。

(三)实事求是

考核要以日常管理中的观察、记录为基础,定量与定性相结合,强调以数据和事实说话,所有考核都应留有证据或数据支持,并要求员工签字确认。

(四)考评结合

试用期员工绩效考核采取月度考核与综合考评相结合的方法,对工作业绩进行定量考核,对工作态度、岗位匹配度进行定性评价,力求做到客观、公正、全面。

二、考核体系

试用期的考核方式或者方法应作为录用条件中关键的一项,让新员工在入职初期对其进行确认。

试用期考核可采取定期考核及综合评定相结合的方式进行。定期考核一般以月为周期进行,综合评定则在试用期结束前评定一次。最终的录用结果通过综合评定结果确定。

3-12:视频 试用期考核不合格辞退

(一)月度考核

月度考核可从工作业绩、工作态度、岗位匹配度三个维度进行综合评价,其中工作业绩占70%,工作态度占20%,岗位匹配度占比10%。

(二)综合评定

综合评定根据员工月度考核表现、转正笔试成绩及工作述职情况进行综合考虑,其中月度考核成绩占70%,转正笔试成绩占10%,转正面谈占20%。

(1)月度考核。综合评定时新员工月度考核表现取其试用期间各月度绩效考核成绩的平均值。

(2)转正笔试。人力资源部在新员工转正前20天组织新员工完成转正笔试考核。

(3)转正面谈。转正面谈在新员工转正前15天经由人力资源部组织。转正面谈的最终得分由各位评委评分加权计算。

三、一票否决

新员工如出现工作态度差、岗位匹配度不合格、严重违反企业规章制度等情况,无论综合评定结果如何,都应立即与新员工终止试用期、解除劳动关系。

四、转正结论

依据综合评定的结果,确定新员工最终是提前转正、正常转正还是解除劳动合同。

知识6 试用期转正与辞退

一、试用期转正

新员工试用期期限,一般根据岗位特点和劳动合同期限来统一确定。但当新员工在试用期的表现非常优秀或在约定的试用期未能充分展现个人能力时,企业可否用提前转正或延期转正来激励新员工,则是用人部门常常向人力资源部门抛出的问题。

出现这个问题时,HR就要和用人部门对提前转正、延期转正的利弊进行分析,如表3-2所示。

表3-2 提前、延期转正的利弊分析

转正操作	目的	利	弊
提前转正	减少新员工的考察期,用于鼓励在试用期表现非常优异的新员工	对新员工起到正向激励的作用	减少了新员工对企业的考察期。新员工在试用期可提前3天提出离职,转正后则需提前30天
延期转正	增加新员工的考察期,针对试用期未能充分展现个人能力的新员工	再给予试用期表现欠佳的新员工一次转正机会	《劳动合同法》规定"同一用人单位与同一劳动者只能约定一次试用期",延期转正企业有违法嫌疑

通过以上分析可以看出,提前或者延期虽然各有利弊,但最好还是如期转正。

一是延期转正涉嫌违法,用人单位应避免此种情况。针对在较短时间难以考察员工能力的岗位,用人单位可以考虑与新员工按照《劳动合同法》约定尽量长的试用期。当新员工未能达到录用条件的要求时,用人单位应尽早决定,及时解除与当事人的劳动关系。

二是提前转正,从劳动者角度来看,如主动提出离职的告知义务由提前3天变为提前30天,即劳动者的义务有所增加。因此,用人单位如想提前转正新员工,也应与劳动者协商一致,征求试用期员工的意见,同时还要变更劳动合同,对HR来说增加了很多手续和事务性工作。

二、试用期辞退

(一)试用期解除劳动合同

用人单位解除试用期的劳动者,可以依据《劳动合同法》第三十九条、第四十条第一项和第二项、第二十六条第一项规定的情形。

1. 劳动合同无效

《中华人民共和国劳动合同法》第二十六条规定,下列情况劳动合同无效或者部分无效:

(1) 以欺诈、胁迫的手段或者乘人之危,使对方在违背真实意思的情况下订立或者变更劳动合同的。这里的欺诈包含双方当事人的任一方制造假象或者隐瞒事实真相欺骗对方订立劳动合同(如在试用期发现劳动者简历注水等)。

(2) 用人单位免除自己的法定责任、排除劳动者权利的。

(3) 违反法律、行政法规强制性规定的。

对劳动合同的无效或者部分无效有争议的,由劳动争议仲裁机构或者人民法院确认。

注意:用人单位使用《中华人民共和国劳动合同法》第二十六条第一项规定解除与劳动者的劳动合同时,主要通过考察劳动者在求职应聘时是否提供了任何虚假信息,其举证难度较大,一般应谨慎使用。

2. 用人单位单方解除劳动合同

(1) 在试用期间被证明不符合录用条件。

在实际操作中,用人单位一般通过《中华人民共和国劳动合同法》第三十九条第一项即"不符合录用条件"的方式解除试用期员工。采用此方式时,还需要同时满足以下条件(下述四项缺一不可)才能规避违法解除的风险。

① 在相关劳动合同、录用条件确认书等书面文件中对录用条件进行约定或规定,并且试用期员工要在录用条件上签字确认;

② 有证据(包括工作成果认定、工作评价)证明员工在试用期不符合录用条件;

③ 在员工试用期届满之前依据录用条件进行考核,并发出解除劳动关系的通知;

④ 解除劳动合同通知书要在试用期届满之前交由员工签收或者公告。

(2) 如用人单位根据《中华人民共和国劳动合同法》第三十九条第二项、第三项、第四项、第五项、第六项条款解除与劳动者的劳动合同时,则应注意以下要点:

① 在企业的规章制度中,对"严重违反用人单位的规章制度的";

② "严重失职,营私舞弊,给用人单位造成重大损害的";

③ "劳动者同时与其他用人单位建立劳动关系,对完成本单位的工作任务造成严重影响"当中的"严重""重大"等有明确的行为界定标准,可采用列举事项、量化标准的方式进行定义。

(3) 用人单位必须留存好证明劳动者有上述条款内容行为的相关证据(实践中主要有两个方面:一是用人单位对某一岗位的工作职能及要求作出描述,二是用人单位对员工在试用期间内的表现客观的记录和评价)。

（4）被依法追究刑事责任的。

使用这些条款解除劳动合同，无须支付经济补偿金，也不需要提前通知劳动者。

3. 无过失性辞退

用人单位应当慎用《中华人民共和国劳动合同法》第四十条第一项、第二项条款来解除与劳动者的劳动合同。

第一项，劳动者患病或者非因工负伤，在规定的医疗期满后不能从事原工作，也不能从事用人单位另行安排的工作的。

因为劳动合同中约定的试用期一般较短，劳动者在经历过医疗期或培训调整工作岗位后，在时间上试用期很容易届满。如试用期届满，则用人单位必须将试用期劳动者转正。

第二项，劳动者不能胜任工作，经过培训或者调整工作岗位，仍不能胜任工作的。

注意这里不能胜任工作，是指不能按要求完成劳动合同中约定的任务或者同工种、同岗位人员的工作量，用人单位不能故意提高劳动定额标准，使劳动者无法完成。

第三项，劳动合同订立时所依据的客观情况发生重大变化，致使劳动合同无法履行，经用人单位与劳动者协商，未能就变更劳动合同内容达成协议的。

注：用人单位应提前30天通知或支付一个月工资，才能辞退试用期劳动者，企业承担的成本较高。

4. 协商解除劳动合同

《中华人民共和国劳动合同法》第三十六条规定，用人单位与劳动者协商一致，可以解除劳动合同。

从用人单位规避劳动纠纷风险、降低试用成本的角度出发，用人单位在辞退试用期员工时，在《中华人民共和国劳动合同法》法律依据上优选第三十九条第一项，其次选择第三十九条第二项、第三项、第四项、第五项、第六项，再次选择第三十六条（双方协商一致），又次选择第二十六条第一项，最后再考虑选择第四十条第一项、第二项。

（二）试用期辞退风险防范

试用期是劳资双方双向选择的过程，用人单位试用期辞退员工的情形包括上述四种，企业要完善规章制度，做好日常管理和证据留存，各个环节都应做好记录并让当事人签字确认。

专业技能操作

技能1 填写转正员工试用期工作跟踪汇总表

根据学习情境、扮演角色、任务要求填写试用期工作跟踪汇总表,主要填写内容为根据扮演角色、个人基本信息填写基本情况、进行入职培训并填写考试分数,进行工作绩效考核并填写考核分数,进行行为表现评价并填写考核分数。

转正员工试用期工作跟踪汇总表

姓 名		部 门		岗 位	
试用期	自 年 月 日至 年 月 日			导 师	
入职培训考试	培训课程	培训老师	培训时间	权 重	考试成绩
	入职培训考试综合得分				
试用期绩效考核	工作任务	衡量标准	完成情况	权 重	考核成绩
	试用期绩效考核综合得分				
行为表现评价	考核项	行为描述	评价标准	权 重	评价得分
	遵守纪律				
	团队意识				
	沟通能力				
	执行能力				
	行为表现综合评价得分				
试用期考核最终得分	入职培训考试×20% + 工作表现得分×60% + 行为表现评价×20%				

技能2 制作录用条件确认书

根据学习情境、任务要求、相关知识完成录用条件确认书，主要内容包括人力资源部门制定的通用录用条件、用人部门制定的业务能力录用条件。

录用条件确认书

_____:

鉴于你和公司已经签署劳动合同，约定试用期为　　年　月　日至　　年　月　日。该试用期是你与公司相互了解的时间。因我公司的录用条件系以员工的学识、能力、品格、体格适合其所从事岗位的工作需要为准，为便于你了解我公司的录用条件，现特向你出具本说明书，将相关录用条件予以告知和说明。

在试用期间，如果你认为公司的实际状况、发展机会与你的预期有较大差距，或由于其他原因决定解除劳动关系的，可以提前3天以书面形式向公司提出辞职申请，并按公司规定办理离职手续；同样，如果你在试用期存在如下情形的，视为不符合公司的录用条件，公司有权解除与你的劳动关系，并不支付任何经济补偿金。

通用录用条件

序号	制定部门	类别	具体条件	备注
1		身体因素		每项至少列举3条，确保不出现用人风险
2		职业素养		每项至少列举3条，确保不出现用人风险
3		法律因素		每项至少列举3条，确保不出现用人风险
4		能力因素		每项至少列举3条，确保不出现用人风险

业务能力录用条件

序号	具体条件

注：根据岗位写出具体条件。

_____公司
年　　月　　日

员工签收

本人已经收到并详细阅读_____出具的录用条件确认书，完全知悉和理解该说明书的内容及其法律含义。

特此确认。

确认人（签字）：
日期：　　年　　月　　日

技能3 填写试用期辅导工作要点清单

新员工试用期的辅导工作都是由一个个小细节组成的,在实际工作中,导师与试用期员工共同商定辅导要点,需要什么就辅导什么。

根据学习情境、任务要求、相关知识完成试用期各阶段辅导工作要点。

试用期各阶段辅导工作要点清单

序号	时间安排	辅导工作要点	辅导目的	备注
1	入职当天			
2	入职第一周			
3	辅导期内			
4	辅导结束			

技能4 填写试用期面谈记录表

定期与新员工进行沟通,了解新员工最新动态。正式谈话应一周一次,谈话要有书面记录,用人部门留存一份,提交人力资源部门存档一份。根据学习情境、任务要求、相关知识完成面谈记录表,访谈结束后双方签字确认。

新员工定期面谈记录表

姓　　名		部　　门		岗　　位	
辅导导师		访谈时间		记录整理时间	
定期面谈	工作习惯与进展情况				
	团队融入情况				
	管理改进(需要的支持和帮助)				
	长短期目标				
	意见和建议				
转正面谈					
新员工签字			导师签字		
备注:1. 正式面谈每周一次;2. 此表格由导师于正式面谈结束后一个工作日填写完毕,一式两份,由用人部门和人力资源部各存档一份。					

技能5　制作试用期解除劳动合同通知书

一般情况下员工在试用期内,有下列行为之一的,公司将停止试用,予以辞退:

(1)违反职业道德,有损公司形象和集体利益;

(2)严重违反公司的规章制度;

(3)能力素质达不到岗位要求;

(4)试用期考核不达标的;

(5)转岗、降职后考核仍未达标的。

试用期辞退员工,按照离职管理办法和相关流程办理离职手续。请根据工作情境、相关知识与任务要求制作试用期解除劳动合同通知书。

一、填写试用期员工转正申请审批表

根据转正员工工作岗位及试用期考核结果,填写试用期员工转正申请审批表。

试用期员工考核表

姓　　名:＿＿＿＿＿＿＿＿＿

部　　门:＿＿＿＿＿＿＿＿＿

岗　　位:＿＿＿＿＿＿＿＿＿

填表日期:＿＿＿＿年＿＿月＿＿日

试用期员工转正申请审批表

姓　　名		部　　门		岗　　位	
学　　历		毕业院校		专　　业	
试用期		年　月　日至　年　月　日			

试用期自我评价（由本人填写）					

考评内容（由直接领导填写）					

出勤状况 （天、次）	病假	事假	迟到	早退	处罚	奖励

考核项目	要点	优	良	合格
品德项30%	诚实 10%	能够开诚布公、实事求是、诚实地待人处事	偶有撒谎和不守信誉现象，基本上能够以诚待人	时有不实语言，不能获得同事与上级信赖，虚假汇报，掩盖工作失误
		□100　□90	□80　□70　□60	□50　□40　□30
	责任心 10%	可以放心交付工作，能够彻底完成目标和任务，工作认真负责，问题意识较强	具有责任心，可以交付工作，但须督导方可完成	责任心不强，须常督促，尚不能完成任务
		□100　□90	□80　□70　□60	□40　□30□20
	职业道德10%	严格遵守公司管理制度及掌握公司的工作要求、原则，坚决服从公司决定	遵守公司规章制度，偶有违规情况；理解公司的决定	随意破坏公司制度，不服从公司决定
		□100　□90	□80　□70　□60	□40　□30　□20
能力项70%	业务能力30%	能够运用专业知识及时、有效的解决各类问题，圆满完成各项工作任务	能够运用专业知识解决问题，完成工作任务	专业知识明显不足，影响工作进展
		□100　□90	□80　□70　□60	□40　□30　□20

考核项目	要点	优	良	合格
能力项70%	工作态度10%	热爱本职工作,理解工作内容需求,高标准完成工	能够完成工作,亲和力一般,偶尔有不耐烦现象	主动意识不够,亲和力不足,常有不耐烦现象,工作经常出现差错
		□100 □90	□80 □70 □60	□40 □30 □20
	学习和进取能力10%	能主动学习和进取,掌握较快并且很快能运用到工作	学习意识和能力一般,掌握较慢,但基本上能够领悟学习内容	不善于学习、不思进取,被迫学习
		□100 □90	□80 □70 □60	□40 □30 □20
	自律能力10%	能够严格遵守公司的规定及制度,忠于职守,从不擅自离岗	有自律意识和能力,能够遵守公司考勤规定,但偶尔有请假现象	自律意识和能力不足,常有擅离岗位现象及违规现象
		□100 □90	□80 □70 □60	□40 □30 □20
	协作能力10%	能够积极与他人顺利达成工作任务和要求	尚能与人合作,能够达成工作任务与要求	协作不善,常常致使工作无法进行和开展
		□100 □90	□80 □70 □60	□40 □30 □20

综合得分:＿＿＿＿＿＿＿＿＿分(加权平均计算)
备注:考核结果综合得分低于80分为不合格,不予录用

部门领导简评	试用期考核情况: □试用期不合格 □按期转正 □提前转正,转正日期:＿＿＿＿年＿＿月＿＿日
人事部门意见	
公司意见	

二、填写试用期解除劳动合同通知书

试用期解除劳动合同通知书

_____：

鉴于：

1.   年 月 日,你与本公司签署了劳动合同,约定合同期限至   年 月   日届满,其中试用期至   年 月 日。

2. 在你入职之初以及任职期间,公司已经向你公示了全部规章制度和录用条件,你有义务并已承诺严格遵照执行。

关于解除事由：

试用期不符合录用条件,具体情形如下：

公司的决定：

自   年 月 日起,公司解除与你之间的劳动合同/劳动关系。

离职提示：

1. 请按照公司规章制度的要求办理离职交接手续,交接内容包括但不限于工作、物品、劳动报酬、社会保险关系、住房公积金、人事档案等。

2. 劳动合同/劳动关系解除后,不得以公司员工的身份对外发表言论、实施行为。

3. 请注意,公司规章制度及/或与你签署的法律文件中的部分内容并不因本通知而失效,如保守商业秘密、不得损害公司利益及商誉等。因此,你应当按照约定继续履行相关义务。

××××公司

人力资源部(盖章)

年 月 日

展示评价

1.按照任务单要求,进行成果展示
2.扫码下载学习评价表,完成组内成员互评、小组评价并提交

3-13:学习评价表

项目三　学习评价表

评价项目		评价内容	评价要点	分值	评价手段及得分		
					小组	教师	得分
专业知识	试用期管理	试用期员工管理重点与考核流程	掌握试用期员工管理目标、重点事项以及考核流程	5	客观测试		
	约定录用条件	通用录用条件、用人部门业务能力录用条件以及公示和确认	掌握企业的通用录用条件、用人部门业务能力录用条件以及公示和确认	5			
	导师辅导机制	导师辅导管理制度、辅导内容以及导师选拔标准	掌握导师辅导主要工作内容	5			
	试用员工访谈	定期面谈与转正面谈的要点及内容	掌握试用期员工定期面谈与转正面谈的要点及内容	5			
	试用期员工考核	试用期员工考核原则与考核体系	掌握试用期员工考核原则与考核体系	5			
	试用期转正与辞退	试用期转正与辞退的具体做法	掌握试用期转正与辞退的具体操作方法	5			
专业技能	试用期考核	填写转正员工试用期工作跟踪汇总表	填制齐全、准确,每处错误扣1分	8			
	约定录用条件	制作录用条件确认书	填制完整、齐全、准确,每处错误扣1分	8			
	导师辅导机制	填写试用期辅导工作要点清单	填制完整、齐全、准确,每处错误扣1分	8			
	试用员工访谈	填写面谈记录表	流程正确、完整、齐全、准确,每处错误扣1分	8			
	试用期转正与辞退	制作试用期解除劳动合同通知书	加护完整、准确、齐全,每处错误扣1分	8			

（续表）

评价项目		评价内容	评价要点	分值	评价手段及得分		
					小组	教师	得分
职业素养	组织纪律	服从性	服从组长安排，不旷工，不迟到早退，不中途离开现场，不做与项目无关的事情	2			
	沟通协作	有效沟通	分工合理，按规定流程进行操作，进行有效沟通	2			
	工作态度	积极性	工作积极主动、认真负责、恪守诚信、追求严谨	2			
	工作效率	按时性	保持良好的工作环境，桌面整洁干净，有效利用各种工具，按时完成任务，错误率控制在10%以下	2			
	敬业精神	主动性	主动将工作做得更好，超出工作标准，并能主动思考提出合理化建议	2			
思政评价	课前准备	笔记、资料收集、项目准备情况检查	齐全度、完整度、精准度检查，提升学生参与的积极性	5	教师主观评价（采取面谈法了解学生思想情况，关注学生的态度与情感等内在指标）×70%＋客观评价×30%		
	课中参与	观察记录学生参与情况	讨论、分组发言、提问，以及其他互动环节的频度与质量的评价	5			
	课后作业	课后项目作业完成情况	特别检查学生所写文字的情感色彩与态度	5			
	课外活动	记录学生参与课外活动的积极性及表现	包括第二课堂、大赛、课后打扫教室卫生等活动	5			
总计				100			

项目四

员工异动管理

学习目标

❶ 知识目标

1. 理解职位优化调整的内容
2. 掌握员工晋升机制、规范程序与晋升辅导事项
3. 掌握岗位轮换的对象、操作流程以及注意事项
4. 掌握岗位调动的规范流程及风险防范措施
5. 掌握做好降职管理的程序要求

❷ 能力目标

1. 能够做好员工晋升管理
2. 能够做好岗位轮换管理
3. 能够做好岗位调动管理
4. 能够做好降职管理

❸ 素质目标

1. 通过员工晋升管理,养成按流程与程序办事的工作习惯
2. 通过岗位轮换管理,培养轮岗的科学精神
3. 通过做好岗位调动管理,增强劳动关系管理法治意识
4. 通过做好降职管理,提高挫折承受能力

【学习情境】

现结合公司业务与人力资源状况进行公司内部优化,部分员工要晋升,部分员工要进行岗位轮换,部分员工要进行岗位调动,部分员工要降职(见表4-1)。

表4-1 华兴部分人员优化明细表

序号	姓名	性别	学历	部门	岗位	拟签订劳动合同时限	异动类型	备注
1	曹玉熙	女	本科	市场部	主管	五年	晋升	
2	秦依依	男	本科	产品部	主管	五年	岗位轮换	
3	张玉	女	本科	研发中心	管培生	三年	岗位调动	
4	王磊	男	专科	研发中心	高级经理	三年	降职	
5	李铭	男	本科	市场部	管培生	三年	晋升	
6	赵辉	男	专科	市场部	管培生	三年	岗位轮换	
7	王菲菲	女	博士	架构中心	经理	五年	岗位调动	
8	梁小慧	女	本科	架构中心	主管	五年	降职	
9	曲歌	女	本科	架构中心	管培生	三年	晋升	
10	许小青	女	专科	架构中心	管培生	三年	岗位轮换	
11	周大法	男	硕士	市场部	经理	五年	岗位调动	
12	张小静	女	本科	市场部	销售总监	三年	降职	
13	孙玉阁	男	专科	市场部	管培生	三年	晋升	
14	李辰刚	男	本科	测试中心	管培生	三年	岗位轮换	
15	谢金龙	男	本科	测试中心	管培生	三年	岗位调动	拟解除劳动合同

🔘 工作任务

　　上述15位职工在公司本轮人力资源优化过程中发生职位、职级、职务变动,现在我们要明确员工晋升、降职需做哪些准备? 如何让职位与职责匹配? 岗位轮换的操作流程是什么? 怎样规范操作员工岗位调动? 如何做好降职管理? 请按照背景信息和情境完成下列任务。

任务1　做好员工晋升管理

4-1: 任务单

　　(1) 角色扮演:4~5人为一组,1人是HR,1人是用人部门经理,其余2~3人是待晋升员工。

　　(2) 请分别针对相关岗位编制晋升职位说明书,对拟晋升员工进行胜任力评价,并按照规范程序进行晋升审批和晋升员工考核。

任务2　做好岗位轮换管理

4-2: 任务单

　　(1) 角色扮演:4~5人为一组,2人是岗位轮换人员,1人是HR,1人是当前部门经理,1人是目标部门经理。

　　(2) 按照科学轮岗、防范用工风险的要求制定轮岗计划(能够解答轮岗员工的各种疑问),人力资源部门和用人部门进行轮岗面谈,人力资源部发出轮岗通知。

任务3　做好岗位调动管理

4-3: 任务单

　　(1) 角色扮演:4~5人为一组,1人是当前部门经理,1人是目标部门经理,1人是HR,其余2~3人是岗位待调动的员工。

　　(2) 填写岗位调动申请表,人力资源部、当前部门、目标部门进行岗位调动面谈,发出岗位调动通知。

任务4　做好降职管理

4-4: 任务单

　　(1) 角色扮演:4~5人为一组,2~3人是降职员工,1人是HR,1人是当前部门经理,1人是总经理。

　　(2) 填写降职申请书,人力资源部与当前部门、拟降职人员进行面谈,呈报总经理审批,审批后发出降职通知。

任务单4-1　做好员工晋升管理　　学时：1

班　级		小　组			
组　员					
准备工作	1. 课前认真阅读学习情境及相关资料 2. 准备电脑、教材和笔，做好常规准备工作				
任务描述	1. 角色扮演：4～5人为一组，1人是HR，1人是用人部门经理，其余2～3人是待晋升员工 2. 请分别针对相关岗位编制晋升职位说明书、对拟晋升员工进行胜任力评价，并按照规范程序进行晋升审批和晋升员工考核				
任务要求	1. 能够针对相关岗位编制晋升职位说明书 2. 能够对拟晋升员工进行胜任力评价 3. 能够按照规范程序进行晋升审批和晋升员工考核				
成果展示	1. 晋升职位说明书 2. 胜任力评价和考核表				

小组活动记录表

时　间		地　点	
主　题			
主要内容			

主持人：　　　　　　　　　记录员：　　　　　　　　　汇报人：

任务单4-2　做好岗位轮换管理　学时：1

班　级		小　组		
组　员				
准备工作	1. 课前认真阅读学习情境及相关资料 2. 准备电脑、教材和笔，做好常规准备工作			
任务描述	1. 角色扮演：4～5人为一组，2人是岗位轮换人员，1人是HR，1人是当前部门经理，1人是目标部门经理 2. 按照科学轮岗、防范用工风险的要求制定轮岗计划（能够解答轮岗员工的各种疑问），人力资源部门和用人部门进行轮岗面谈，人力资源部发出轮岗通知			
任务要求	1. 能够确认拟岗位轮换员工是否适合岗位轮换 2. 发起员工轮岗登记审批 3. 发出轮岗通知书 4. 进行员工轮岗考核			
成果展示	1. 员工轮岗登记审批表 2. 轮岗通知书 3. 员工轮岗考核表			

小组活动记录表

时　间		地　点	
主　题			
主要内容			

主持人：　　　　　　　　记录员：　　　　　　　　汇报人：

任务单4-3	做好岗位调动管理	学时：1
班　　级	小　　组	
组　　员		
准备工作	1. 课前认真阅读学习情境及相关资料 2. 准备电脑、教材和笔，做好常规准备工作	
任务描述	1. 角色扮演：4～5人为一组，1人是当前部门经理、1人是目标部门经理，1人是HR，其余2～3人是岗位待调动员工 2. 填写岗位调动申请表，人力资源部、当前部门、目标部门进行岗位调动面谈，发出岗位调动通知	
任务要求	1. 明确岗位调动的规范流程 2. 填写岗位调动申请表 3. 发出员工调岗通知书 4. 不能胜任员工调岗风险防范措施	
成果展示	1. 岗位调动申请表 2. 员工调岗通知书	

小组活动记录表			
时　间		地　点	
主　题			
主要内容			
主持人：	记录员：		汇报人：

任务单4-4　　做好降职管理			学时：1
班　　级		小　　组	
组　　员			
准备工作	1. 课前认真阅读学习情境及相关资料 2. 准备电脑、教材和笔，做好常规准备工作		
任务描述	1. 角色扮演：4～5人为一组，2～3人是降职员工，1人是HR，1人是当前部门经理，1人是总经理 2. 填写降职申请书，人力资源部与当前部门、拟降职人员进行面谈，呈报总经理审批，审批后发出降职通知		
任务要求	1. 明确降职的原因及处理方法 2. 掌握降职处理程序 3. 填写降职降薪审批表 4. 发出降职通知书		
成果展示	1. 降职降薪审批表 2. 降职通知书		

小组活动记录表			
时　　间		地　　点	
主　　题			
主要内容			
主持人：		记录员：	汇报人：

📖 **专业知识应用**

员工异动管理一般包括晋升、降职、岗位轮换、岗位调动四种。其中晋升和降职涉及职级的调整，属于纵向流动，是员工异动管理的重点和难点；岗位调动与岗位轮换指员工在组织内部的工作调整和岗位变换，属于横向流动。

（1）岗位晋升是指在职场中通过自身努力，不断提高自身能力和竞争力，获得更高职位和更好待遇，从而实现自身价值和事业发展的过程。

4-5：视频
晋升风波

（2）降职是指员工由原来的职位降低到比原来职位低的职位。

（3）岗位调动是员工在组织内部同级水平的职务之间的调动。根据《劳动合同法》第三十五条，调岗调薪可以视为对劳动合同内容的变更。

（4）岗位轮换是企业有计划地安排员工从事不同于原岗位的工作、承担新的岗位工作职责和任务，是优化内部人才市场需求、提升工作绩效的人力资源管理活动。

知识1　职位优化调整

一、公开岗位升降通道

要提高员工对企业的黏性，企业就应建立公开透明的岗位晋升机制，让员工了解企业和行业发展前景，对员工进行职业发展辅导。具体来说，企业应做好以下三方面工作。

（一）形成公开透明的员工晋升机制

企业要帮助员工了解各岗位晋升的必备条件、晋升流程，开放员工晋升的通道。

（二）要让员工了解企业发展愿景

企业要向员工宣灌企业愿景，要让员工了解行业趋势和企业战略，知晓企业当前人才需求现状并愿意为之改变。

（三）要及时解答员工事业发展的问题

员工的直接主管或上级经理应长期担当起员工的职场导师职责，定期与员工沟通，帮助员工规划职业生涯，辅助分析员工的优势与不足，让员工清晰自己在企业的纵向、横向发展延伸的空间，明确自己在企业的发展与努力方向。

二、健全岗位序列

员工的岗位序列在一定程度上反映出员工当前在企业中所处的锚点。员工职位变动的结果最终将反映到岗位序列体系中。岗位岗级体系是员工岗位变动的重要依据之一。

按照内部分工的不同,企业一般可以将岗位分为管理、职能、技术、营销、操作这五大岗位序列,每个序列里包含工作性质类似,需要类似知识、经验、技能的多个岗位。在每一序列里,每一个岗位又可以进一步分为不同的层级。

常见的岗位序列划分方式如表4-2所示:

表4-2 常见的岗位序列划分方式

岗位序列	序列说明	典型岗位
管理序列	主要承担计划、组织、领导、控制等管理职责,至少拥有一名直接下属	企业的中、高层管理人员
职能序列	主要负责某一方面的职能管理,承担指导、监督、督促执行、辅助、支持等方面的职责	行政、财务、人力资源
技术序列	利用专业技能从事技术研发、设计等方面工作,技术含量较高	工程师、项目经理
营销序列	专门负责销售或市场开拓工作	销售、售前、市场、客服
操作序列	从事生产作业类或者最基础的决策层次较低类工作的职位	工人、前台

其职业发展轨迹如表4-3所示:

表4-3 人力资源岗位职业发展轨迹表

岗位层级	职级	职位
1	人力资源助理	
2	专员	
3	主管	
4	分析师	高级主管
5	高级分析师	经理
6	顾问	高级经理
7	高级顾问	总监

就人力资源岗位序列而言，新员工入职后从助理干起，经过3～5年成长为专员、主管，这个时候就是员工职业生涯瓶颈期。从管理职位来看，由于金字塔型的机构特点，走上高一级岗位的优秀员工比较少，晋升不上高一级行政管理岗位的员工就会比较绝望。这个时候企业就要有多阶梯的晋升制度，为专业技术员工提供一种不同于管理阶梯的晋升机会，为员工打开专业技术职务晋升的另一扇窗。

知识2　员工晋升管理

一、员工的晋级机制

管理者选择晋升员工,最容易犯的错误就是基于年资(论资排辈)、基于绩效(不考虑员工是否胜任新岗位层级)、基于人际关系(任人唯亲)。

企业应建立一个公平、完善的晋升机制,通过这个晋升机制起到合理配置人力资源、正向激励员工的作用,进而降低员工的流失率,让优秀员工在企业中承担更多的职责以创造更好的价值。

4-6:视频
建立多通道
晋升模式

(一)编制职位说明书

利用职位说明书明确该岗位的性质、任务、上下级关系以及工作职责、任职资格要求(包括知识、技能、经验要求,素质行为等级要求)。

通过职位说明书知识技能经验、素质行为等级相关特征的描述,对职位进行画像,看该职位需要什么样的人。

(二)对员工进行胜任力评价

通过胜任力评价,将胜任力模型中的特征与职位说明书中描述的特征进行比较,看员工是否具备晋升的潜力,能否在晋升后更好地开展工作、提升工作绩效。晋升胜任力评价项一般包括:教育背景、业务知识、专业技能、沟通技巧、谈判技巧、感染力和影响力、分析性思维、信息收集与利用、协调开展工作能力、团队合作能力、进取心、计划性。

(三)与员工共同规划职业愿景

企业要对员工进行职业发展辅导,规划员工在企业发展的职业愿景,确认员工的晋升意愿。强烈的晋升意愿是做好工作的前提,"佛系""躺平"的员工可以做好本职工作,但晋升后要独立开展工作,没有强烈的进取心是很难做好的。

(四)开展晋升员工的能力培训工作

新晋员工虽然是本领域的优秀杰出人才,但晋升后工作角色、承担职能、工作重点都有相应变化。为了让新晋升员工更好地开展相应工作,企业应有针对性地对新晋升员工进行相关能力的培训,辅助新员工尽快进入新的职位角色。

二、晋升的规范程序

晋升是员工关注的焦点,企业应本着透明、公开的原则建立员工晋升的规范操作流程，一般流程如表4-4所示。

表4-4　员工晋升操作规范

步骤	操作规范
1	员工的上级经理提出晋升申请
2	人力资源部组织员工的胜任力评价
3	进入逐级审批流程，企业应有完善的晋升审批表
4	员工的上级经理与员工本人进行晋升面谈
5	员工签字确认晋升结果
6	人力资源部组织对新晋升员工的能力培训
7	员工进入晋升考核期（一般可设置为1～3个月），企业应有完善的晋升考核表
8	考核期结束，人力资源组织对员工进行晋升结果评估

企业应为晋升员工，尤其是管理岗的晋升员工设立适应性考核期。经考核适应新岗位的员工才予以正式晋升，而对于未通过考核的拟晋升者则调回原岗位。设置适应性考核期，可以激励晋升员工尽快适应新岗位，并避免晋升过程"只上不下"。

三、晋升员工的辅导

企业对新晋升员工辅导的重点有两个：思维方式的转变、管理技能的提升。思维方式的转变，主要指提升思考问题的高度和认识事物的广度；管理技能的提升，主要指通过一些管理书籍、培训课程尽快掌握相关技能。

知识 3　岗位轮换管理

岗位轮换是企业有计划地安排员工从事不同于原岗位的工作,承担新的岗位工作职责和任务。岗位轮换是企业开发员工多种技能、提高换位思考意识、促进人才内部流动、培养复合型管理人才的常用手段。从法律角度而言,岗位轮换是对员工实施调岗,属于变更劳动合同。《劳动合同法》第三十五条规定,变更劳动合同一般须由用人单位与劳动者协商一致。但轮岗行为往往是企业依据自身轮岗制度等单方面作出的决定,这时候就要企业正确掌握岗位轮换管理操作,避免用工风险。

4-7:视频
岗位轮换
案例

一、适合岗位轮换的员工

岗位轮换的主要目的在于开发员工潜力、激励员工努力工作,应主要考虑以下人员。

(一)企业的储备型管理人才

这里主要指企业的优秀人才,尤其是中层管理人员、拟提拔的优秀员工、校招的管培生。通过岗位轮换,使他们对企业的整体运营有一个更全面、综合的了解,为晋升和承担更多的责任打下基础。

(二)职能部门关键岗位人员

建立企业的"AB角制度",通过岗位轮换,使A、B角色能够掌握对方岗位的职责任务,防止因人员临时缺失造成的职责空白。这里的"AB角制度"是一种人才备份机制,即A角对某项工作主要负责,B角应主动熟悉并协助做好该项工作,当A角出差或因其他原因不能承担该项工作时,由B角接替完成该项工作,并切实负起责任。

(三)长期稳定的基层操作型员工

通过岗位轮换,对基层员工可以起到培养综合业务能力、挖掘工作潜力、消除倦怠情绪、激发创新能力等作用。

在开展岗位轮换工作时,企业应结合用人部门的意见、绩效考核、人力资源规划的结果拟定初步的岗位轮换人选。切忌盲目开展岗位轮换,造成企业轮换人员规模过大,影响正常工作的开展。

二、岗位轮换的规范流程

即使是从培养员工角度出发的岗位轮换,企业也应建立完善的操作流程,避免用工风险,正确流程如下。

(1)人力资源部组织用人部门共同制定企业的人力资源规划,争取用人部门的支持,避免对用人部门业务造成影响,让用人部门和全体员工明确初步的人才开发计划和岗位轮换计划。

(2)员工的上级经理与员工进行面谈,沟通员工的职业发展规划和岗位轮换建议,确认员工的岗位轮换意愿,不可强行进行岗位轮换,因为岗位轮换属于变更劳动合同的关键要素——工作岗位,需要双方协商一致才可以实施,否则就面临赔偿。即使不赔偿,得不到员工支持的岗位轮换也会让员工融入新岗位的积极性受到影响,从而影响用人部门的工作协调开展。

(3)人力资源部对员工进行岗位适应性面谈,进一步了解员工意愿,协商一致后,员工本人填写岗位轮换审批表。

(4)调入岗位的上级经理与员工就新的岗位职责和工作目标进行确认。

(5)员工在限定期间内完成原工作内容的交接。

(6)人力资源部发出正式的调动通知。

(7)员工到新岗位报到。

(8)轮岗员工考核。

岗位轮换申请表

员工姓名		申请日期	
当前部门		当前岗位	
目标部门		目标岗位	
轮岗起止时间	自　　年　月　　日至　　年　月　　日		
申请原因	员工签字: 日期:		
审批意见	当前部门经理		
	目标部门经理		
	人力资源部经理		

三、岗位轮换操作注意事项

岗位轮换属于用人单位合理行使用工自主权的行为,企业可以因生产经营的需要实施轮岗,要注意的是以下操作层面问题。

(一)从法律风险控制角度

(1)企业可通过劳动合同约定企业有依据生产经营需要或其他原因调整劳动者工作岗位的权利。

(2)轮岗制度应依据《劳动合同法》第四条的规定,履行民主协商程序并已依法告知劳动者。

(3)实施轮岗必须是基于企业的经营管理需要,企业对此负有举证责任。

(4)轮岗前后待遇基本相当。岗位轮换一般不涉及薪资变动,如两个岗位差异较大,可通过变动岗位津贴的方式进行适当调整。待遇下降会被认定轮岗是惩罚性的,员工申请仲裁,企业就面临赔偿风险;实施轮岗行为应不具有惩罚性、侮辱性,且无其他违反法律法规的情形。

(二)从管理角度

公司应建立科学的轮岗制度,健全公司任职资格体系,完善部门职能、岗位职责与工作流程,明确轮岗目标、计划、资格、年限、比例、考核标准、风险评估及工作协调机制等一系列问题。轮岗制作为企业培养人才、创新、廉政管理等的一项制度,大胆一试未尝不可,但在管理角度应注意:

(1)岗位轮换的期限应结合新岗位的特点来确定,避免过短或过长。

(2)轮岗涉及多个岗位的调换,注意做好工作交接,企业可通过明确新岗位的考核标准,消除员工对新岗位的过渡心态。

科学轮岗的操作有4个要点。

① 同时轮岗人数:占总人数的10%～20%;

② 轮岗周期:3年为主,在同一岗位任职5～6年以上,原则上必须轮岗;

③ 轮岗时间节点:选择绩效年度初期,让轮岗新人有完整绩效目标;

④ 轮岗关联层级:参照联想"上轮下不轮"的原则,如果上级轮岗,则下级不能轮岗,反之亦然,相隔时间至少半年,以保持部门工作传承性、稳定性。

(三)从员工关怀及情绪管理角度

(1)为了让员工从内心接受轮岗,应加强沟通交流,向员工阐述轮岗目的、计划安排,听取员工对轮岗的意见或建议等。

(2)建议在轮岗流程或指引中设置员工异议程序和轮岗适应期,体现民主和人文关怀。

（3）员工的意愿很重要，要做好员工的沟通工作，了解员工对轮岗的想法、对职业生涯的规划，阐述公司实施轮岗的目的、计划、考核标准，等等。要尊重员工的想法和选择，不要因强行轮岗造成员工离职。

（4）不是所有的工作和部门都适合轮换，要合理设计轮换的岗位、部门。轮岗分部门内轮岗和跨部门轮岗，例如财务部适合部门内轮岗，但不适合跨部门轮岗。

四、岗位轮换的缺陷

（1）降低劳动生产率：当员工加入新职位时，他们在达到最佳劳动生产率之前有一个学习、适应周期，必然经历产能爬坡阶段。

（2）增加企业成本：轮岗会增加被轮换者在新岗位上的时间、培训、试错成本，增加用于激励和平衡其他未被轮换员工所产生的成本。

（3）引发部门矛盾：优秀的人才各个部门都想要，如果轮岗机制没有设计好，会引起各部门负责人的不满和矛盾。

（4）造成人员流失：大多数员工还是喜欢熟悉、稳定的工作，有自己的职业规划，不愿换岗位。另外，轮岗通常是横向的，这意味着员工不会获得升职，而会在同一级别上担任不同角色，这会造成员工的不满，甚至离职。所以员工的轮岗意愿很重要。

知识4　岗位调动管理

岗位调动的原因比较复杂,如员工工作状态欠佳已不能胜任当前岗位,或企业经营方式调整需调整岗位,或员工因个人原因希望承担不同的工作内容等。岗位调动是激发员工状态的一种有效方法,有些情况则是企业按照《劳动合同法》调整甚至辞退不胜任员工的主要手段。

4-8:视频
岗位调动

一、岗位调动的规范流程

对于岗位调动,企业也应建立完善的操作流程:

(1)用人部门或员工本人提出岗位调动申请,可填写岗位调动申请表;

(2)人力资源部与员工进行面谈,确认员工的岗位调动意愿;

(3)调入岗位的上级经理与员工就新的岗位职责和工作目标进行确认;

(4)员工在限定期间内完成原工作内容的交接;

(5)人力资源部发出正式的调动通知;

(6)员工到新岗位报到。

岗位调动时,企业必须针对员工制定新岗位的考核标准,通过此考核标准来确认员工能否胜任岗位调动后的工作。

二、不能胜任员工的调岗

针对在原岗位不能胜任的员工,在岗位调动时要特别注意防范法律风险,还要避免在岗位调动中引发员工的消极情绪,从而造成员工拒绝配合岗位调整。

针对这种类型的员工,企业在操作岗位调动流程时,第一步是发布调岗通知书,第二步是内部调岗通告。

调岗通知书及回执

调岗通知书

×××：

　　您好！公司通过对您的长期观察和对您近期工作分析，并考虑到公司需要和您的工作能力，经讨论，认为您比较适合在＿＿＿岗位工作。因前期公司已与您进行意愿协商并征得您的口头确认，现本公司决定，将您由＿＿＿岗位调至＿＿＿岗位。请您在收到本通知之日起三天内办完相应移交手续，并前往报到。

　　特此通知。

人力资源部
经办人：
年　月　日

调岗通知回执

　　岗位调动通知我已收到。我服从公司关于我本人的岗位调动决定，将按照通知要求办理相关手续，并准时报到。

本人签字确认：
年　月　日

内部调岗公告

内部调岗公告

全体员工：

　　＿＿＿＿＿＿部门＿＿＿＿＿＿＿＿已于＿＿＿＿＿年＿月＿日调至＿＿＿＿＿＿＿岗位。

　　特此公告！

人力资源部
年　月　日

使用岗位调动方式调整不能胜任工作的员工，其操作要点有以下三点。

（一）解除与员工的劳动合同注意事项

具备以下三个条件，企业才可以按照《劳动合同法》第四十条第二项的规定解除与员工的劳动合同。

（1）企业应当有证据证明其不能胜任当前岗位工作；

（2）企业应当对员工进行培训或调岗，并且要保留相关员工参加培训或同意调整岗位的证据；

（3）企业要有证据证明调岗后员工仍然不能胜任。

（二）协商一致原则

劳动合同的期限、岗位、地点、报酬等都是劳动合同中的法定条款,因此调岗时如涉及上述任意一项内容的变更,企业都需要与员工协商一致并保留证据。企业借调岗之名单方调整劳动合同中的内容,或要求员工不服从安排则按自动离职处理,员工都有权利拒绝,因此而发生的纠纷属于劳动争议,员工可以通过劳动仲裁的方式予以解决,企业则将承担不利后果。

（三）以员工不能胜任工作解除劳动合同

需提前30日以书面形式通知员工,或者额外支付员工一个月工资,并按照《劳动合同法》第四十六条的规定向劳动者支付经济补偿金。从保障员工正常工作状态出发,额外支付员工一个月工资是更为有利的做法。

知识 5　降 职 管 理

一、降职的原因及处理方法

（一）降职的原因

降职的原因一般有以下四种：

（1）由于组织变革、机构调整而需要精减工作人员；

（2）员工不能胜任本职工作，调任其他同级工作又没有空缺，因此需要降职；

（3）因身体健康状况欠佳、不能胜任繁重工作等，员工自己提出降职要求；

（4）依照奖惩条例，因员工违反组织纪律，组织对员工做出降职的处罚。

4-9：视频
降职的原因
及处理方法

（二）降职的处理方法

（1）对潜力有限的员工，企业应该对其潜在能力进行分析，调到适合其潜力发挥的岗位上。

（2）对态度有问题的员工，应找出问题的根源，据此采取相应的措施。

（3）对能力有问题的员工，要视其原因分别处理。

（4）应急晋升上岗的，没有经过必要的培训与试用过程，应给予补课的机会，绩效周期结束无法适应本岗位者，则予以降职处理。

二、降职处理程序

（1）各部门负责人根据部门发展计划和职位变动、员工考核等情况进行人员调整分析，向人力资源部提出员工降职申请，填写降职降薪审批表。

（2）人力资源部门结合人力资源规划及相关政策，审核、调整各部门提出的降职申请；接受用人部门人员降职申请后，则与降职人员所在部门、降职人员进行沟通，确认同意后，按授权向总经理提出人员变更申请。

（3）总经理对人力资源部提出的员工降职申请书进行审定。

（4）人力资源部接到总经理批复后，将相关信息反馈至本人及相关部门，填写人员异动登记表、相关人事档案并保存。

（5）各用人部门接到降职人员通知后，首先在部门内部进行工作交接，然后通报人力资源部处理情况。

（6）人力资源部接到用人部门处理情况后，做相应的人事档案调整。

三、降职管理的根本

降职不是目的,改善员工绩效才是最终的落脚点,降职后员工的心态一般有三种:

(1)心理存在巨大落差,觉得没面子,在同事和朋友面前抬不起头;

(2)心理存在严重不满,不服从组织处理,认为被降职不是自身原因,寻找外部原因推诿责任;

(3)积极调整心态,勇于面对挫折和挑战。

无论是何种原因导致的降职,无论被降职者持有何种态度,降职管理对于人力资源管理而言始终是一个尴尬的话题,因此人力资源管理者应该从自身工作开始,努力将降职这一尴尬事件发生的概率降至最低。

专业技能操作

技能1 做好员工晋升管理

根据学习情境、扮演角色、任务要求,完成以下员工晋升管理任务的操作步骤及关键节点。

一、编制晋升岗位职位说明书

为拟晋升人员选择合理的晋升岗位,并明确晋升岗位的工作职责与相关要求,通过小组合作讨论完成晋升岗位职位说明书。

晋升岗位职位说明书

职位名称		所属部门	
汇报上级		直接下属	
职位目标			
工作职责	职责说明		绩效指标
知识技能经验	教育背景		
	业务知识		
	专业技能		
	沟通技巧		
	谈判技巧		
素质行为等级	感染力和影响力		
	分析性思维		
	信息收集与利用		
	团队协作		
	进取心		
	计划性		

二、填写拟晋升员工进行胜任力评价表

根据拟晋升员工晋升岗位,需要小组讨论确定后填写晋升评价项目、评价标准、权重,并根据拟晋升人员基本情况进行评价打分。

晋升胜任力评价表

员工姓名		入职时间	
原所属部门		拟调整部门	
原职位		拟晋升职位	
胜任力评价			
评价项目	标准	权重	得分
合计			
评价人:	评价日期:		

三、员工上级经理提出、填写晋升申请表

员工上级经理可以根据工作和职位空缺情况提出晋升申请,是拟晋升员工的职场伯乐。他要想出各种办法从众多员工中为拟晋升员工打开晋升通道,重要或者达到一定级别的岗位晋升还要经过组织办公会、党委会、董事会等集体决策才能通过。小组要讨论拟晋升员工的主要工作经历及突出业绩,为晋升提供依据。

晋升审批表

员工姓名		入职时间		
所在部门		申请日期		
申请变动	变动项	调整前	调整后	备注
	部门			
	职位			
	职级			
	薪资			
	晋升考核期	自　　年　月　日至　　年　月　日		
工作经历及主要成绩				
晋升申请原因				
胜任力评价结论				
审批意见	调整前上级经理			
	调整后上级经理			
	人力资源部			
	总经理			

四、填写员工晋升适应期考核表

员工晋升适应期考核表

员工姓名		入职时间		
调整内容	变动项	调整前	调整后	备注
	部门			
	职位			
	职务			
	薪资			
	晋升考核期	自　　年　月　日至　　　年　月　日		
考核要求	考核指标	考核要求		
本人声明 　　本人同意上述调整内容。本人如在考核期内未能达到公司的考核要求,同意公司将本人薪资调整到晋升前状态以及对本人作出其他工作安排。 　　　　　　　　　　　　　　　　　　签字确认: 　　　　　　　　　　　　　　　　　　日　　期:				

技能2 做好岗位轮换管理

根据学习情境、任务要求、相关知识完成公司岗位轮换,具体包括:轮岗登记审批、发出轮岗通知书、员工轮岗考核。

一、确认拟岗位轮换员工是否适合岗位轮换

二、发起员工轮岗登记审批

根据拟轮岗员工基本情况,合理确定轮入部门和岗位,分析讨论轮岗原因,确定轮岗起止时间等关键要素。

员工轮岗登记审批表

姓　　名		性　　别		学　　历		入职时间	
轮出部门		轮出岗位		轮入岗位		轮入部门	
轮岗原因							
轮岗面谈记录							
轮岗起止时间				本人是否同意参与轮岗		□是　　　　□否 签字:　　　　日期: 请在是或否打√并签字	
轮出部门意见		负责人签字: 　　年　月　日		轮出部门分管领导意见		负责人签字: 　　年　月　日	
轮入部门意见		负责人签字: 　　年　月　日		轮入部门分管领导意见		负责人签字: 　　年　月　日	
人力资源部意见						负责人签字: 　　年　月　日	
总经理意见						签字: 　　年　月　日	

三、发出轮岗通知书

根据公司轮岗人员情况,参考下列模板,为轮岗员工发出轮岗通知书。

员工轮岗通知书

(存根)第　　　　号

　　　　　先生(女士):

　　　　根据公司《岗位轮换管理规定》第____条规定,经管理委员会批准,决定您自_____年____月____日起开始到_____部_____岗位进行轮岗,期限为____个月,请于_____年____月____日,到_____部报到,从事新岗位工作。

　　　　特此通知!

人力资源部

年　月　日

四、进行员工轮岗考核

员工轮岗考核表

评价标准		描述	分值	考核人打分
基本指标	责任心	对轮入岗位职责与目标明确,主动发现问题并获得答案	10	
	主动性	积极主动投入工作,勇于担当,不找客观理由推脱	10	
	团队意识	主动团结同事,高效沟通,有效融入轮岗团队	10	
岗位指标	服务意识	态度谨虚,言辞得当,有较好的内外部服务意识	10	
	学习能力	善于总结、学习,正确理解工作内容及目标	10	
	适岗程度	相关知识、经验、能力和技能的掌握程度	20	
	工作效率	遇到问题快速反应、不拖拉、在规定的时间内解决问题	15	
	工作质量	完成的工作是否符合要求、达到预期效果	15	
综合得分				
对应等级	优秀	良好	合格	需改进	差
	90—100	80—89	70—79	60—69	59以下

培训状况	为提高适岗能力,轮岗人员参加过的培训有以下几方面(参加过的打√) 岗前培训□:岗位技能培训□;岗位从业资格培训□ 其他培训项目□
奖惩情况	轮岗指导人签字: 日期:
人力资源部评语及下一步使用建议	签字: 日期:

技能3 做好岗位调动管理

根据学习情境、任务要求、相关知识完成拟调岗员工的岗位调动申请表,发出调岗通知书,避免岗位调动用工风险。

一、填写岗位调动申请表

岗位调动申请表

员工姓名			申请日期	
当前部门			当前岗位	
目标部门			目标岗位	
轮岗起止时间	自 年 月 日至 年 月 日			
申请原因	员工签字: 日期:			
审批意见	当前部门经理			
	目标部门经理			
	人力资源部经理			

二、发出员工调岗通知书

员工调岗通知

（编号：____）

_____：

    因_____，经公司管理层研究并与你协商决定，现调你从_____岗位到_____岗位，调岗从_____年_____月_____日开始执行，调岗后的薪资待遇以_____标准执行。

    请自收到该通知书之日起_____日内将现岗位工作交接完毕并前往新岗位报到。如超期未报到，则视为旷工；旷工达_____日（含）以上，则视为自动离职，公司将按照自动离职的有关规定处理。

    特此通知。

公司人事部
年　　月　　日

注：本通知一式二联，公司和被调岗员工各执一联，此联交由员工留存。

员工签收回执

    本人已于_____年_____月_____日收到编号为_____的调岗通知书。

我同意调岗（签名：　　）

我不同意调岗（签名：　　）

_____年___月___日

注：此联公司人事部存档。

技能4　做好降职管理

根据学习情境、任务要求、相关知识完成拟降职员工的降职降薪审批等人事表格,避免降职风险。

一、填写降职降薪审批表

降职降薪审批表

姓名		岗位		部门	
建议类型					
□薪资降级		薪资下降级数			
□职位降级		降职后的职位			
降职降薪协商面谈情况					
降职降薪理由说明					
部门意见	部门主管				
	部门经理				
人力资源意见					
总经理意见					

二、发出降职通知书

降职通知

_____(姓名)同事:

综合你在任职期间的业绩及出现的问题,给公司的发展带来了负面影响,并给公司造成了经济损失,经过与你面谈协商并经过你的同意,公司对你的职位及薪资情况做以下调整:职位调整为_____,职位薪资调整为_____元/月(或根据本公司的薪资方案填写)。望你在以后的工作中努力奋进,提升个人能力,为公司的发展添砖加瓦!特此通知!

直接上级:_____

总经理:_____

任职人:_____

公司人力资源部

____年___月___日

员工签收回执

本人已于____年___月___日收到降职/降薪通知书。

我同意降职/降薪(签名:_____) 我不同意降职/降薪(签名:_____)

____年___月___日

注:此联公司人事部存档。

展示评价

1. 按照任务单要求,进行成果展示
2. 扫码下载学习评价表,完成组内成员互评、小组评价并提交

4-10:学习评价表

项目四 学习评价表

评价项目		评价内容	评价要点	分值	评价手段及得分		
					小组	教师	得分
专业知识	职位优化调整	晋升、调岗,轮岗、降职的规范性	掌握岗位升降通道、岗位序列相关知识	6	客观测试		
	员工晋升管理	晋升机制、晋升流程与晋升辅导	掌握企业晋升机制、晋升流程与晋升辅导的做法	6			
	员工轮换管理	岗位轮换管理适用对象、机制、操作事项以及缺陷	掌握岗位轮换管理适用对象、机制、操作事项以及缺陷	6			
	员工调动管理	调动管理规范流程以及不能胜任员工的管理	掌握调动管理规范流程以及不能胜任员工管理的重点事项	6			
	员工降职管理	降职原则、程序以及流程	掌握降职原则、方法、程序以及流程等相关要点	6			
专业技能	做好员工晋升管理	编制晋升岗位职位说明书 填写拟晋升员工胜任力评价表 员工上级经理填写晋升申请表 填写员工晋升适应期考核表	填制齐全、准确,每处错误扣1分	10			
	做好员工轮换管理	发起员工轮岗登记审批 发出轮岗通知书 进行员工轮岗考核	填制完整、齐全、准确,每处错误扣1分	10			
	做好员工调动管理	填写岗位调动申请表 发出员工调岗通知书	填制完整、齐全、准确,每处错误扣1分	10			
	做好员工降职管理	填写降职降薪审批表 发出降职通知书	流程完整、齐全、准确,每处错误扣1分	10			

（续表）

评价项目		评价内容	评价要点	分值	评价手段及得分		
					小组	教师	得分
职业素养	组织纪律	服从性	服从组长安排，不旷工，不迟到早退，不中途离开现场，不做与项目无关的事情	2			
	沟通协作	有效沟通	分工合理，按规定流程进行操作，进行有效沟通	2			
	工作态度	积极性	工作积极主动，认真负责，恪守诚信，追求严谨	2			
	工作效率	按时性	保持良好的工作环境，桌面整洁干净，有效利用各种工具，按时完成任务，错误率控制在10%以下	2			
	敬业精神	主动性	主动将工作做得更好，超出工作标准，并能主动思考，提出合理化建议	2			
思政评价	课前准备	笔记、资料收集、项目准备情况检查	齐全度、完整度、精准度检查，提升学生参与的积极性	5	教师主观评价（采取面谈法了解学生思想情况，关注学生的态度与情感等内在指标）×70%+客观评价×30%		
	课中参与	观察记录学生参与情况	讨论、分组发言、提问，以及其他互动环节的频度与质量的评价	5			
	课后作业	课后项目作业完成情况	特别检查学生所写文字的情感色彩与态度	5			
	课外活动	记录学生参与课外活动的积极性及表现	包括第二课堂、大赛、课后打扫教室卫生等活动	5			
总计				100			

项目五

员工离职管理

学习目标

❶ 知识目标

1. 了解员工离职前的异常表现和特点,做好相关应对
2. 理解员工离职的类型
3. 掌握规范办理离职的工作程序,会填写相关表单
4. 掌握离职面谈时准备的要点与面谈的要点
5. 掌握离职工作资料交接、继任培训、与联系人交接内容
6. 掌握不同情形下经济补偿金、赔偿金基数的确定和核算公式
7. 掌握竞业协议适用范围与内容

❷ 能力目标

1. 能够发现员工离职前的异常表现
2. 能够确定离职员工的离职类型
3. 能够为离职员工规范办理离职手续
4. 能够引导员工做好离职交接
5. 能够计算各类情形的离职补偿金
6. 能够确定离职补偿的计算基数
7. 能够用竞业协议限制恶性竞争

❸ 素质目标

1. 通过确定离职员工不同的离职情形,提高防范企业用工风险意识
2. 通过为离职员工规范办理离职手续,增强服务意识与规矩意识
3. 通过开展离职面谈,提高用人单位和劳动者和谐相处意识
4. 通过离职补偿核算,养成精益求精的精神

【学习情境】

现结合公司年底绩效考核与员工双向选择,部分员工要离职,工资发放日期为每月1日(见表5-1)。

表5-1 华兴离职员工明细表

序号	姓名	性别	学历	部门	岗位	签订劳动合同时限	入职日期	月平均工资(元)	已休年假天数	财务问题
1	曾玉熙	女	研究生	市场部	主管	五年	2017年3月2日	12 865	4	借款1 457元未办理报销
2	秦依依	男	本科	产品部	主管	五年	2019年9月17日	35 677	5	差旅费5 716元未报销
3	张玉	女	本科	研发中心	管培生	三年	2016年3月29日	13 463	1	采购发票43万元未拿回
4	王磊	男	专科	人力资源服务中心	人力总监	三年	2016年11月21日	83 355	8	培训发票7 321元未报销
5	李铭	男	本科	市场部	管培生	三年	2013年12月12日	33 812	1	孩子医疗费保险316元未支付
6	赵辉	男	专科	市场部	管培生	三年	2006年11月18日	13 814	4	晚班打车费用1 134元未支付
7	王菲菲	女	博士	架构中心	研发经理	五年	1998年7月11日	22 865	11	午餐卡未消费用2 637元未消费完毕
8	梁小慧	女	本科	生产部	主管	五年	2019年6月19日	12 765	3	E福利生日电子卡337元未消费完毕
9	曲歌	女	本科	架构中心	管培生	三年	2011年5月12日	23 265	2	京东劳保费用电子卡598元未消费完毕

（续表）

序号	姓名	性别	学历	部门	岗位	签订劳动合同时限	入职日期	月平均工资（元）	已休年假天数	财务问题
10	许小青	女	专科	生产部	管培生	三年	2001年7月3日	22 899	1	架构硬件采购费用7 800 991元待支付
11	周大法	男	硕士	市场部	高级经理	五年	2003年7月18日	16 865	9	销售尾款11 111 744元未收回
12	张小静	女	本科	市场部	销售总监	三年	2022年6月21日	27 865	1	销售合同已签署54 339 007元
13	孙玉阁	男	专科	存储机房	机房主管	三年	1991年7月11日	11 555	5	职业病检测费用1 987元未支付
14	李辰刚	男	本科	研发中心	测试高级经理	三年	2001年7月3日	33 441	14	加班费用未支付3个工作日
15	谢金龙	男	博士	测试中心	测试总监	三年	1991年6月19日	55 123	10	加班费用未支付9个工作日

⚓ 工作任务

上述15位员工要在公司本轮人力资源优化过程中离职。

员工离职前会有哪些异常表现？离职是否有周期性、季节性特点？人力资源应如何做好离职应对？员工离职的情形分为哪些类型？规范的离职工作程序是怎样的？离职面谈时如何收集珍贵信息？如何让员工离职交接做得完美？如何计算各类情形离职补偿金？如何确定离职补偿的计算基数？如何用竞业协议限制恶性竞争？这是我们大家思考的问题，请按照背景信息和情境完成下列任务。

任务1 办理员工离职手续

5-1：任务单

（1）角色扮演：5～6人为一组，1人是HR，1人是用人部门职员，1人是行政部职员，1人是财务部职员，1人是IT部职员，1人是待离职人员。

（2）请按照36种离职情形（见知识2）分类为上述待离职人员假定一种情形，填写离职工作相应表单，表单完成后开具离职证明，发出离职邮件。

任务2 开展离职面谈

5-2：任务单

（1）角色扮演：2～3人为一组，1人是HR，1～2人是待离职人员。

（2）根据假定的离职情形分类填写离职面谈准备表，做好离职面谈记录。

任务3 做好离职工作交接

5-3：任务单

（1）角色扮演：2～3人为一组，1人是移交人，1人是继任者，1人是HR。

（2）根据假定的离职情形分类与离职人的工作岗位，合理设想其应交接的文件内容与数量，填写工作文档移交清单、继任培训记录单、联系人交接确认单。

任务4 核算经济补偿金赔偿金

5-4：任务单

（1）角色扮演：2～3人为一组，1～2人是待离职员工，1人是HR。

（2）为上述15人每人假定36种离职情形的一种，为上述人员做好经济补偿金赔偿金核算，填写经济补偿金赔偿金核算表。

任务单5-1 为离职员工办理离职手续　　学时：1

班　级		小　组			
组　员					

准备工作	1. 课前认真阅读学习情境及相关资料 2. 准备电脑、教材和笔，做好常规准备工作
任务描述	1. 角色扮演：5～6人为一组，1人是HR，1人是用人部门职员，1人是行政部职员，1人是财务部职员，1人是IT部职员，1人是待离职人员 2. 请按照36种离职情形分类为上述待离职人员假定一种情形，填写离职工作相应表单，表单完成后开具离职证明，发出离职邮件
任务要求	1. 确定15名离职员工的离职情形 2. 准备离职资料清单 3. 填写离职表单 4. 发出即将离职邮件 5. 填写员工离职工作交接会签单 6. 开具离职证明 7. 发出离职邮件
成果展示	1. 15名离职员工离职情形分类表 2. 离职资料清单 3. 离职表单 4. 即将离职邮件 5. 员工离职工作交接会签单 6. 离职证明 7. 离职邮件

小组活动记录表

时　间		地　点	
主　题			
主要内容			

主持人：　　　　　　记录员：　　　　　　汇报人：

任务单5-2　开展离职面谈			学时：1
班　级		小　组	
组　员			
准备工作	1. 课前认真阅读学习情境及相关资料 2. 准备电脑、教材和笔，做好常规准备工作		
任务描述	1. 角色扮演：2～3人为一组，1人是HR，1～2人是待离职人员 2. 根据假定的离职情形分类填写离职面谈准备表，做好离职面谈记录		
任务要求	1. 已完成离职流程办理 2. 填写离职面谈准备表 3. 填写离职面谈记录表 4. 通过离职面谈分析15名员工离职原因，实现离职面谈的目的		
成果展示	1. 离职面谈准备表 2. 离职面谈记录表		

小组活动记录表			
时　间		地　点	
主　题			
主要内容			
主持人：	记录员：		汇报人：

任务单5-3　做好离职工作交接　　学时：1

班　级		小　　组			
组　员					
准备工作	1. 课前认真阅读学习情境及相关资料 2. 准备电脑、教材和笔，做好常规准备工作				
任务描述	1. 角色扮演：2～3人为一组，1人是移交人，1人是继任者，1人是HR 2. 根据假定的离职情形分类与工作岗位，合理设想其应交接的文件内容与数量，填写工作文档移交清单、继任培训记录单、联系人交接确认单				
任务要求	1. 合理假定离职交接的文件内容与数量 2. 填写工作文档移交清单 3. 填写继任培训记录单 4. 填写联系人交接确认单				
成果展示	1. 工作文档移交清单 2. 继任培训记录单 3. 联系人交接确认单				

小组活动记录表

时　　间		地　　点	
主　　题			
主要内容			

主持人：　　　　　　　　　记录员：　　　　　　　　　汇报人：

任务单5-4　经济补偿金核算　　学时：1

班　　级		小　　组			
组　　员					
准备工作	1. 课前认真阅读学习情境及相关资料，了解不同离职情形经济补偿金核算依据 2. 准备电脑、教材和笔，做好常规准备工作				
任务描述	1. 角色扮演：2～3人为一组，1～2人是待离职员工，1人是HR 2. 为上述15人每人假定36种离职情形的一种，为上述人员做好经济补偿金赔偿金核算，填写经济补偿金核算表				
任务要求	1. 劳动合同解除补偿金核算 2. 劳动合同终止补偿金核算 3. 协商一致离职补偿金核算 4. 未签订劳动合同的事实劳动关系补偿金赔偿金核算				
成果展示	1. 劳动合同解除补偿金核算表 2. 劳动合同终止补偿金核算表 3. 协商一致离职补偿金核算表 4. 未签订劳动合同的事实劳动关系补偿金赔偿金核算表				

个人任务单

主　　题	经济补偿金核算
支付经济补偿金的情形	
支付赔偿金的情形	

班级：　　　　　　学号：　　　　　　姓名：

📖 **专业知识应用**

离职管理是为了员工站好最后一班岗,也是为了企业和员工的双赢。

知识1　离职风险预警

离职对企业带来的影响具有两面性:一方面,离职带给企业人力配置重新优化的机会;另一方面,员工离职的隐性成本很高。

做好离职管理工作的目的在于使企业掌握员工离职的真正动因,指导员工做好工作交接,降低离职给企业带来的不利影响。

《劳动合同法》第三十七条规定:"劳动者提前三十日以书面形式通知用人单位,可以解除劳动合同。劳动者在试用期内提前三日通知用人单位,可以解除劳动合同。"员工突然主动提出离职,只留给企业30天(正式员工)或3天(试用期员工)的短暂离职交接时间,往往会造成企业各项工作的被动。

一、常见的离职征兆

员工一旦计划离职,一般都会有特定的行为表现,企业可从这些表现中识别、发现员工的离职征兆,并积极采取相应的预防措施。以下为一些常见的员工离职征兆:

(1)求职。员工频繁浏览求职网站、在网上投递或更新简历。

(2)请假。频繁请假或集中使用剩余假期。

(3)性格转变。如员工主动提出离职,应由了解员工离职意向的员工上级主管或人力资源部门在第一时间与员工进行非正式的沟通,力争获得员工离职的真实想法。根据员工的想法、工作业绩、工作能力做出挽留与否的决策。

二、离职高发的特点

一般来讲,员工进入企业后有3个离职的高发期。

一是入职两周后,员工发现企业与在应聘时介绍的有较大差异。

二是在试用期结束前,此时员工如果发现招聘人员承诺过的职位、待遇、福利、培训等有些未能按期兑现,因此萌生去意。又因试用期内辞职只需提前3天通知用人单位,超过试用期需提前30天才可以,此时离职的时间成本较低,也有不少员工选择在试用期结束前提出离职。

三是工作两三年后,员工离职多数是因为职位、薪资、技能等方面遇到了发展瓶颈,希望到新企业寻求新的发展机会。

三、预防离职的方法

员工出现离职倾向后,人力资源部门应携手员工的直接主管,主动采取以下预防措施:

(1)分析员工离职的可能动因;

(2)寻求是否存在化解员工离职动因的途径;

(3)直接与员工进行沟通;

(4)肯定员工对企业的贡献;

(5)对员工进行心理辅导,帮助员工调整心态;

(6)做好人才储备和替代工作。

知识2　离职情形分类

按员工离职的意愿,可分为主动、被动、不可抗因素。如将员工离职的情形进一步细分,则可以分为多达36种情形。企业应严格区分各种情形,针对不同情形采取不同的应对措施。以下列出了员工离职情形的详细分类。

一、劳动合同解除

(一)用人单位单方解除劳动合同

1. 员工存在过失的情形

根据《劳动合同法》第三十九条,劳动者有下列情形之一的,用人单位可以单方解除劳动合同。

(1)在试用期间被证明不符合录用条件。

(2)严重违反用人单位的规章制度。

(3)严重失职,营私舞弊,给用人单位造成重大损害。

(4)劳动者同时与其他用人单位建立劳动关系,对完成本单位的工作任务造成严重影响,或者经用人单位提出,拒不改正。

(5)以欺诈手段使用人单位在违背真实意思的情况下订立或者变更劳动合同的,致使劳动合同无效;(属于《劳动合同法》第二十六条劳动合同的无效:下列劳动合同无效或者部分无效,第一款第一项:以欺诈、胁迫的手段或者乘人之危,使对方在违背真实意思的情况下订立或者变更劳动合同的)。

(6)被依法追究刑事责任。

用人单位采取的措施是:用人单位不需要提前通知员工,也不需要赔偿或者补偿。

2. 员工不存在过失的情形

《劳动合同法》第四十条规定,有下列情形之一的,用人单位提前三十日以书面形式通知劳动者本人或者额外支付劳动者一个月工资后,可以解除劳动合同。

(7)劳动者患病或者非因工负伤,在规定的医疗期满后不能从事原工作也不能从事由用人单位另行安排的工作。

(8)劳动者不能胜任工作,经过培训或者调整工作岗位,仍不能胜任工作。

(9)劳动合同订立时所依据的客观情况发生重大变化,致使劳动合同无法履行,经用人单位与劳动者协商,未能就变更劳动合同内容达成协议。

用人单位采取的措施:用人单位提前三十日以书面形式通知劳动者本人或者额外支付劳动者一个月工资,应当向劳动者支付经济补偿。

3. 经济性裁员

《劳动合同法》第四十一条规定,有下列情形之一,需要裁减人员二十人以上,或者裁减不足二十人但占企业职工总数百分之十以上,用人单位提前三十日向工会或者全体职工说明情况,听取工会或者职工的意见后,裁减人员方案向劳动行政部门报告,可以裁减人员:

(10) 依照企业破产法规定进行重整的;

(11) 生产经营发生严重困难的;

(12) 企业转产、重大技术革新或者经营方式调整,经变更劳动合同后,仍需裁减人员;

(13) 其他因劳动合同订立时所依据的客观经济情况发生重大变化,致使劳动合同无法履行。

用人单位采取的措施:需要裁减人员二十人以上,或者裁减不足二十人但占企业职工总数百分之十以上,用人单位提前三十日向工会或者全体职工说明情况,听取工会或者职工的意见后,裁减人员方案向劳动行政部门报告。如依照《劳动合同法》第四十一条、第一款"依照企业破产法规定进行重整",用人单位实施经济性裁员应当支付经济补偿金。

4. 不属于上述情形的企业单方面解除

(14) 企业违反《劳动合同法》解除劳动合同的情况下,用人单位可采取的措施:应当依照《劳动合同法》第四十七条规定的经济补偿标准的2倍向劳动者支付赔偿金。

(二) 员工单方解除劳动合同

1. 员工主动辞职

(15) 试用期内主动辞职,员工的正确做法是:劳动者需提前三日通知用人单位;

(16) 非试用期内主动辞职,员工的正确做法是:劳动者需提前三十日以书面形式通知用人单位。

用人单位可采取的措施是:为其办理离职手续,无须支付经济补偿金。

2. 因企业违法导致员工被迫辞职

《劳动合同法》第三十八条规定,用人单位发生下列情况时,劳动者可以解除劳动合同。

(17) 未按照劳动合同约定提供劳动保护或者劳动条件;

(18) 未及时足额支付劳动报酬;

(19) 未依法为劳动者缴纳社会保险费;

(20) 用人单位的规章制度违反法律、法规的规定,损害劳动者权益;

(21) 以欺诈、胁迫的手段或者乘人之危,使劳动者在违背真实意思的情况下订

立或者变更劳动合同,致使劳动合同无效;

(22)法律、行政法规规定劳动者可以解除劳动合同的其他情形。

员工的正确做法是:劳动者可以通知用人单位后解除劳动合同。

用人单位采取的措施是:按照规定支付经济补偿金。

(23)发生以下情形,用人单位以暴力、威胁或者非法限制人身自由的手段强迫劳动者劳动,或者用人单位违章指挥、强令冒险作业危及劳动者人身安全。

员工的正确做法是:立即解除劳动合同,劳动者不须通知用人单位。

用人单位采取的措施是:按照规定支付经济补偿金。

二、劳动合同终止

(一)员工原因导致劳动合同终止

发生下列情形之一的,劳动合同终止:

(24)劳动合同期满,用人单位维持或者提高劳动合同约定条件续订劳动合同,劳动者不同意续订;

(25)劳动者开始依法享受基本养老保险待遇,劳动者享受基本养老保险待遇;

(26)劳动者死亡,或者被人民法院宣告死亡或者宣告失踪,死亡或宣告死亡或失踪后。

用人单位采取的措施是:按照规定为员工办理相关手续,无须支付经济补偿或者赔偿。

(二)企业原因导致劳动合同终止

发生下列情形时:

(27)劳动合同期满,用人单位主动提出不与劳动者续订劳动合同,劳动合同到期前通知劳动者,劳动合同到期后劳动关系自动终止。

(28)用人单位被依法宣告破产,宣告破产之日,劳动关系自动终止。

(29)用人单位被吊销营业执照、责令关闭、撤销或者用人单位决定提前解散,自执行之日,劳动关系自动终止。

(30)法律、行政法规规定的其他情形。

用人单位采取的措施是:按照规定为员工办理劳动合同终止手续,需支付经济补偿。

三、协商一致离职

(31)员工提出离职,按协商一致的约定时间终止劳动关系,是否有经济补偿或者赔偿按协商一致的约定执行。

（32）企业提出解除或终止劳动关系，按协商一致的约定时间终止劳动关系，需要支付员工经济补偿。

四、未签订劳动合同的事实劳动关系

（一）员工单方终止

（33）用工之日起一个月内，员工单方终止，企业无须支付经济补偿。

（34）用工之日起一个月后，员工单方终止，企业须支付经济补偿。

（二）企业单方终止

（35）用工之日起一个月内，员工拒签劳动合同，用人单位通知劳动者后解除，企业无须支付二倍工资差额。

（36）用工之日起一个月后，员工仍拒签劳动合同，用人单位通知劳动者后解除，企业需支付二倍工资差额。

知识3　离职工作流程

离职管理的工作流程可以分为三个阶段：离职提出阶段、工作交接阶段、离职收尾阶段。

5-5：视频
开具离职
证明

一、离职提出阶段

离职提出阶段是员工、企业双方对离职意向的初步沟通阶段。无论是员工提出离职申请的主动离职，还是企业依法解除或终止劳动关系的被动离职，在此阶段，企业人力资源最主要的工作是收集、汇总、分析员工权利、义务方面的信息和材料，为下一阶段工作做好准备。

（一）离职提出阶段工作表单

表5-2列举了在离职提出阶段，人力资源应准备的工作内容及资料清单。

表5-2　离职提出阶段人力资源工作内容

序号	准备工作内容	资料清单
1	员工个人信息	员工简历、个人信息登记表
2	员工劳动关系	劳动合同
3	工作绩效资料	绩效考核结果、员工考勤记录等
4	离职面谈准备	离职面谈记录
5	离职工作表单	员工离职申请单、离职工作交接单（部门用）、离职工作交接单（公司用）、离职证明

在离职提出阶段最主要使用的工作表单是员工离职申请单（员工单方提出）、解除劳动合同协议书（员工和企业协商一致）、解除/终止劳动合同通知书（企业单方提出）。

员工离职申请单

声明：

任何情况下，在提出离职申请前本人已仔细考虑并了解离职申请生效后的影响。对于在公司工作期间发生的未结清费用，本人会如期按照协议中的要求归还。本人同意薪酬福利发放至实际离职日。

本人已认真阅读、充分理解本声明中所述内容，并明确指出按照公司离职流程认真履行离职手续。

员工（签字）：
_____年_____月_____日

（续表）

申请人		岗位		所在部门	
直接主管		申请日期		预计离职时间	
劳动合同	_____年_____月_____日至_____年_____月_____日				
离职类型	□试用期内离职　□合同期内离职　□劳动合同期满　□其他				
离职原因： 员工（签字）：_____ 日期：_____年_____月_____日					
审批栏	部门经理				
	人力资源部				
	总经理				

解除劳动合同协议书（员工提出）

甲方：_____公司

乙方：_____

甲乙双方于_____年_____月_____日订立了劳动合同，合同期（_____年_____月_____日至_____年_____月_____日）。现由于乙方提出协商解除劳动合同，甲乙双方经协商一致，同意解除双方的劳动合同，并达成如下协议：

1. 甲乙双方解除劳动合同的日期为：_____年_____月_____日。

2. 乙方应于_____年_____月_____日前办理完毕工作交接及离职手续。

3. 甲方为乙方缴纳的社会保险、住房公积金将缴纳至_____年_____月。

4. 乙方的薪酬福利将发至实际离职日。

5. 甲乙双方的其他约定：_____

6. 本协议自甲乙双方签字/盖章后生效。

7. 本协议一式两份，甲乙双方各执一份。

甲方（盖章）：_____　　　　　乙方（签字）：_____

联合签署日期：_____年_____月_____日

解除劳动合同协议书签收回执

我已于_____年_____月_____日收到解除劳动合同协议书一份，并承诺于约定的日期前办理完毕工作交接及离职手续。

员工（签字）：_____

_____年_____月_____日

解除劳动合同协议书（企业提出）

甲方：＿＿＿＿＿＿＿公司

乙方：＿＿＿＿＿＿＿

甲乙双方于＿＿＿年＿＿＿月＿＿＿日订立了劳动合同，合同期（＿＿＿年＿＿＿月＿＿＿日至＿＿＿年＿＿＿月＿＿＿日）。现由于甲方提出协商解除劳动合同，甲乙双方经协商一致，同意解除双方的劳动合同，并达成如下协议：

1. 甲乙双方解除劳动合同的日期为：＿＿＿年＿＿＿月＿＿＿日。

2. 乙方应于＿＿＿年＿＿＿日前办理完毕工作交接及离职手续。

3. 乙方完成工作交接后，甲方于＿＿＿年＿＿＿月＿＿＿日前向乙方支付经济补偿金＿＿＿元。

4. 甲方为乙方缴纳的社会保险、住房公积金将缴纳至＿＿＿年＿＿＿月。

5. 乙方的薪酬福利将发至实际离职日。

6. 甲乙双方的其他约定：＿＿＿＿＿＿＿＿＿＿＿＿＿＿＿＿＿

7. 本协议自甲乙双方签字/盖章后生效。

8. 本协议一式两份，甲乙双方各执一份。

甲方（盖章）：＿＿＿＿＿＿＿　　　　　　　乙方（签字）：＿＿＿＿＿＿＿

联合签署日期：＿＿＿年＿＿＿月＿＿＿日

解除劳动合同协议书签收回执

我已于＿＿＿年＿＿＿月＿＿＿日收到解除劳动合同协议书一份，并承诺于约定的日期前办理完毕工作交接及离职手续。

员工（签字）：＿＿＿＿＿＿＿

＿＿＿年＿＿＿月＿＿＿日

解除/终止劳动合同通知书

尊敬的＿＿＿＿＿＿先生/女士：

感谢您在就职期间为公司发展所做的努力和贡献。由于下列＿＿＿＿项情形，公司现决定与您解除/终止劳动关系，解除/终止劳动合同的日期为＿＿＿年＿＿＿月＿＿＿日。您的薪酬福利将发至实际离职日，社会保险、住房公积金将缴纳至＿＿＿年＿＿＿月。

1. 在试用期间被证明不符合录用条件。

2. 严重违反公司规章制度。

3. 严重失职，营私舞弊，给公司造成重大损害。

4. 同时与其他用人单位建立劳动关系，对完成本公司的工作任务造成严重影响，或者经公司提出，拒不改正。

5. 以欺诈手段使用公司在违背真实意思的情况下订立或者变更劳动合同。

6. 被依法追究刑事责任。

7. 患病或者非因工负伤，在规定的医疗期满后不能从事原工作，也不能从事由公司另行安排的工作。

8. 不能胜任工作，经过培训或者调整工作岗位，仍不能胜任工作。

9. 劳动合同订立时所依据的客观情况发生重大变化，致使劳动合同无法履行，经公司与您协商，未能就变更劳动合同内容达成协议。

（续表）

| 10. 公司依照《企业破产法》规定进行重整。 |
| 11. 公司生产经营发生严重困难。 |
| 12. 公司转产、重大技术革新或者经营方式调整，经变更劳动合同后，仍需裁减人员。 |
| 13. 其他因劳动合同订立时所依据的客观经济情况发生重大变化，致使劳动合同无法履行。 |
| 14. 您第一次与公司订立的劳动合同期满，公司决定不再与您续订劳动合同。 |

请于＿＿＿＿年＿＿＿＿月＿＿＿＿日前到人力资源部办理离职手续。

特此通知！

公司（盖章）

＿＿＿＿年＿＿＿＿月＿＿＿＿日

（二）离职提出阶段工作注意事项

1. 工作表单签署顺序

从降低离职风险角度出发，上述四种工作表单建议企业签署的顺序依次为员工离职申请单、解除劳动合同协议书（员工提出）、解除劳动合同协议书（企业提出）、解除/终止劳动合同通知书。

对企业而言，员工提出离职的风险最低，员工与企业协商一致的风险其次，企业提出解除/终止劳动合同的风险最高。

2. 准备启动离职面谈

离职资料收集完毕后，企业则可以启动离职面谈工作。

由企业提出离职意向的，离职面谈的目的主要在于感谢员工在职期间的努力，平复员工情绪以避免员工的过激行为；

由员工提出离职意向的，离职面谈的目的主要在于了解员工离职的真实原因，挽留优秀人才，收集员工对企业的各类建议，通过分析以避免类似离职事件的重复发生。

3. 启动离职流程

启动离职流程，一般以人力资源部门通过邮件形式通知企业相关部门为标志。

二、工作交接阶段

离职工作交接一般可以分为两部分：一部分是用人部门内部交接，另一部分是在企业范围内的工作交接。用人部门内部交接是将离职员工的工作交给同岗或相近岗位的其他同事，交接的内容除包括工作内容、工作进度、工作相关信息的交接外，还包括工作方法向同事的知识转移，一般周期较长；企业范围的工作交接一般较快，主要是对财务、行政、IT、人力资源等的交接。一般要注意的事项主要有：

工作交接阶段的工作注意事项有以下两点。

1. 从事有职业危害工作的员工离职

如从事有职业危害工作的员工离职,则企业应在工作交接前先安排员工进行职业病排查体检,体检证明员工没有患上职业病,才可以允许员工离职。如体检证实员工患有职业病,则企业不能提出解除劳动合同。

2. 企业的中高级管理者离职

企业的中高级管理者离职,还需在离职管理流程中增加离职审计环节。离职审计主要包括三方面内容:一是对其经济责任履行、职权使用的合规性审查;二是经济绩效的评估;三是延伸审计(视需要而定),是对第一项、第二项审计过程中出现问题的重点审计。

三、离职收尾阶段

离职收尾工作主要有两项:为员工开具离职证明、向相关部门通告离职手续办理完毕。

离职证明用于证明双方劳动关系的正式解除/终止。

离职证明在开具时应依据《劳动合同法实施条例》第二十四条,即"用人单位出具的解除、终止劳动合同的证明,应当写明劳动合同期限、解除或者终止劳动合同的日期、工作岗位、在本单位的工作年限"。此外,考虑到离职员工日后就业的便利性,离职证明一般不应写上任何评价性的内容,如写"辞退""本人犯错""对公司造成重大损害"等。之后,根据公司要求发送离职邮件。

知识4 离职面谈设计

一、离职面谈的目的

离职面谈是全面启动离职流程前的第一步。企业开展离职面谈工作主要有以下5个目的：

（1）了解员工离职的真实原因；

（2）努力挽留企业的优秀人才；

（3）收集员工对企业的各类建议；

（4）发现企业的管理缺陷漏洞；

（5）降低员工对企业不满情绪。

二、面谈准备的要点

离职面谈最忌讳的就是不做准备，临时处理所有问题。以下为离职面谈的准备工作要点。

（1）明确面谈目的。企业应在面谈之前明确此次面谈的主要目的是什么，是为挽留优秀人才还是劝退员工，是为与员工协商一致还是为降低离职补偿，是希望员工加速离职还是延长离职交接时间等。

（2）选择面谈人员。离职面谈人选一般安排为人力资源部门主管以上级别的管理者，重要的员工则建议由企业高管直接进行面谈。

（3）准备面谈资料。进行离职面谈前应收集拟离职员工的各种资料，包括员工简历、个人信息登记表、劳动合同、绩效考核结果、员工考勤记录等。

（4）收集离职信息。面谈人员应事先与拟离职员工周围的同事了解其各方面信息，以便正确掌握其离职的真正原因。

（5）设计面谈计划。设计离职面谈的详细计划，包括面谈时间、面谈地点、面谈问题清单、问题应对策略等。

为达到最佳的离职面谈效果，面谈人员应准备面谈问题清单，在面谈过程中参考面谈问题清单使用结构化方法获得全方位信息。表5-3为离职面谈引导内容参考。由于时间关系，每次每个维度可从中选择1～2个问题进行面谈。

表5-3 离职面谈引导问题清单

序号	问题分类	问题清单
1	总体评价	1. 您在公司的这些年里,请说一下对公司的总体印象? 2. 请您评价一下公司的整体工作氛围,包括上下级、同级同事关系。 3. 您认为公司的福利待遇如何,是否实用? 4. 您认为公司提供的平台对您专业所长是否有所长进?
2	工作氛围	1. 您认为有关您工作表现的评价是否客观公正? 2. 您对您的主管是否满意? 他是否具备一定的管理技巧? 3. 在工作中您与同事合作得怎么样? 4. 您在公司或部门内的沟通是否顺畅? 5. 您认为公司应如何改进工作条件、相关设施等?
3	员工培训	1. 在公司,您是否得到了足够的培训? 2. 您对公司整体的培训体系有什么看法? 3. 您认为自己还缺少哪些方面的培训? 这造成了怎样的影响? 4. 您对怎样的培训和发展计划最感兴趣? 5. 您认为公司对您的培训和发展需求的评估妥当吗? 这些需求是否得到了满足?
4	企业文化	1. 您认为公司的企业文化是否贯穿在您工作的各个方面? 2. 您对公司的工作时间、休假制度是否满意? 3. 您对公司的激励机制有何看法? 您认为它应如何进行改进? 4. 您认为工作压力是否很大? 公司该如何帮助员工缓解压力? 5. 您认为公司各部门之间的沟通和关系如何? 应该如何改进?
5	离职原因	1. 您什么时候开始有离职的打算? 是哪个事件或者原因直接导致您作出离职决定? 2. 您决定离职还有其他哪些方面的原因? 3. 您本希望问题如何得到解决? 您对公司将来如何处理好这种情形或解决好这些问题有什么具体的建议? 4. 如果不谈导致您决定离职的因素,请问最初是什么使您决定与公司长期共同发展事业?
6	离职去向	1. 您离职后是否愿意继续和公司保持联系? 2. 您是否介意公司经常告诉您公司的发展状况、了解您的发展情况、邀请您回来参加公司活动? 3. 如果有合适的岗位,您是否愿意返回公司工作? 4. 您是否愿意谈谈您的去向和今后的打算? 5. 请问是什么吸引您加入他们公司? 薪酬,职位,还是其他因素?
7	离职交接	1. 您是否愿意在离开公司前与经理或同事举行简短的会议,以便我们可以从您的知识和经验中受益? 2. 您是否愿意尽量将您的知识和经验转移给接任者? 3. 如果您愿意在离职前将您岗位的接替者介绍给您的关键客户,我们将不胜感激,您是否可以协助公司这么做?

三、离职面谈的要点

离职面谈应遵循以下要点：

（1）营造开场氛围。设计打破面谈僵局的开场白，表明面谈人员的身份，说明面谈话题，面谈注重的是平等交流、肯定对方、尊重对方。

（2）提出面谈问题。按照预先设计的面谈问题清单提出问题，面谈问题应尽量是开放性的，范围尽可能要广，给对方充分的表达空间。

（3）深入了解情况。针对某一问题，面谈人员应尽量向对方多追问问题产生的原因，进一步了解问题的动因，而不是仅仅局限在问题的表面。

（4）结束离职面谈。面谈结束前，面谈人员应对离职人员表示感谢，并向对方表达良好祝愿，尽量做到在轻松的气氛中结束离职面谈。

（5）做好面谈记录。面谈过程中应对面谈过程进行详细记录，必要时可在征得对方允许的前提下进行面谈录音。对于面谈中确定的一些重要内容，面谈人员和离职员工应及时对面谈记录或相关协议进行签字确认。

四、离职面谈的收尾

离职面谈结束后，企业仍应做好以下工作：

（1）验证信息真伪；

（2）提炼离职数据；

（3）整理改进建议；

（4）离职后的回访。

知识5　离职工作交接

在离职工作交接环节,上级主管和工作继任者可参考离职员工的《岗位说明书》梳理工作交接内容清单,并做好以下三方面工作:资料交接、继任培训、联系人交接。

5-6:视频
离职工作交
接的艺术

一、资料交接

员工在工作中积累的文档资料构成了企业宝贵的知识库,是企业无形资产的重要组成部分。文档资料的交接,可以通过工作文档移交清单进行监督确认。

二、继任培训

相对于资料交接,继任培训是工作交接中没有得到充分重视的一个环节。继任培训是对该岗位工作技巧的培训,这些工作细节、注意事项与特殊情况大量存在于离职员工的脑海里,不能简单通过资料交接让工作继任者得以准确掌握。企业要充分重视继任培训,将该岗位的工作经验和技巧延续下去。

继任培训完成后,工作继任者应尽快进行实操练习,并由离职员工和离职员工的上级主管对实操练习进行必要的指导。实操练习的内容应尽可能涵盖全部工作内容,尤其是该岗位的核心业务内容必须进行一次以上的实操练习。

三、联系人交接

工作交接的最后一个环节就是岗位联系人的交接,并通知到工作联系人各方,包括企业内部的相关员工,企业外部的客户、供应商、合作伙伴等。

工作继任者应按照联系人清单主动通知相关各方联系人,实现交接工作的平稳过渡。针对部分重要的联系人,企业还可由离职员工或离职员工的上级主管带领工作继任者对其进行逐一拜访,以确保重要工作的连续性。工作交接的过程,离职员工的上级主管应尽量全程参与,并做好交接工作的审核工作,以避免交接工作出现重大纰漏。

知识6 补偿金赔偿金

在知识2离职情形分类中列举的36种离职情形中,有27种情形企业需向员工支付经济补偿金或经济赔偿金。

经济补偿金具有补偿性质,是依法向员工给予的一种经济补助,主要对应劳动合同解除或终止、竞业限制补偿金等。经济赔偿金则是企业对员工的损失具有法律过错,根据侵权责任或者合同义务,为弥补员工损失而负担的金额,主要对应企业不及时与劳动者签订劳动合同、违法约定试用期、违法解除或终止劳动合同等。

一、补偿金的核算标准

根据不同的离职情形,补偿金的核算标准不一致,具体来说,有以下五种。

(一)用人单位单方解除补偿金、赔偿金核算

5-7:视频
企业单方面
解除劳动合
同的程序

5-8:视频
企业单方面
解除劳动合
同(劳动者
有过错)

5-9:视频
企业单方面
解除劳动合
同(劳动者
无过错)

表5-4 用人单位单方解除

序号	离职情形分类			补偿金/赔偿金核算标准
	大类	中类	小类	
1	用人单位单方解除	员工存在过失	在试用期间被证明不符合录用条件	无
2			严重违反用人单位的规章制度	
3			严重失职,营私舞弊,给用人单位造成重大损害	
4			劳动者同时与其他用人单位建立劳动关系,对完成本单位的工作任务造成严重影响,或者经用人单位提出,拒不改正	
5			以欺诈手段使用人单位在违背真实意思的情况下订立或者变更劳动合同,致使劳动合同无效	
6			被依法追究刑事责任	

（续表）

序号	离职情形分类			补偿金/赔偿金核算标准
	大类	中类	小类	
7	用人单位单方解除	员工不存在过失	劳动者患病或者非因工负伤，在规定的医疗期满后不能从事原工作，也不能从事由用人单位另行安排的工作	经济补偿金：（提前三十日通知或者额外支付劳动者一个月工资）+月平均工资×工作年限
8			劳动者不能胜任工作，经过培训或者调整工作岗位，仍不能胜任工作	
9			劳动合同订立时所依据的客观情况发生重大变化，致使劳动合同无法履行，经用人单位与劳动者协商，未能就变更劳动合同内容达成协议	
10		经济性裁员	依照《企业破产法》规定进行重整	经济补偿金：月平均工资×工作年限
11			生产经营发生严重困难	
12			企业转产、重大技术革新或者经营方式调整，经变更劳动合同后，仍需裁减人员	
13			其他因劳动合同订立时所依据的客观经济情况发生重大变化，致使劳动合同无法履行	
14		不属于上述情形的企业单方解除	企业违反《劳动合同法》解除劳动合同	赔偿金：2×月平均工资×工作年限

（二）员工单方解除补偿金核算

表5-5 员工单方解除

序号	离职情形分类			补偿金核算标准
	大类	中类	小类	
15	员工单方解除	员工主动辞职	试用期内辞职	无
16		员工主动辞职	非试用期内辞职	无
17		因企业违法	未按照劳动合同约定提供劳动保护或者劳动条件的	经济补偿金：月平均工资×工作年限
18			未及时足额支付劳动报酬的	
19			未依法为劳动者缴纳社会保险费的	
20			用人单位的规章制度违反法律、法规的规定，损害劳动者权益的	

序号	离职情形分类			补偿金核算标准
	大类	中类	小类	
21	员工单方解除	因企业违法	以欺诈、胁迫的手段或者乘人之危,使劳动者在违背其真实意思的情况下订立或者变更劳动合同,致使劳动合同无效	
22			法律、行政法规规定劳动者可以解除劳动合同的其他情形	
23			用人单位以暴力、威胁或者非法限制人身自由的手段强迫劳动者劳动的,或者用人单位违章指挥、强令冒险作业危及劳动者人身安全的	

(三)劳动合同终止经济补偿金核算

5-10:视频
劳动合同终止
的法定情形

表5-6　劳动合同终止

序号	离职情形分类			补偿金核算标准
	大类	中类	小类	
24	劳动合同终止	员工原因	劳动合同期满,用人单位维持或者提高劳动合同约定条件续订劳动合同,劳动者不同意续订	无
25			劳动者开始依法享受基本养老保险待遇	
26			劳动者死亡,或者被人民法院宣告死亡或者宣告失踪	
27		企业原因	劳动合同期满,用人单位主动提出不与劳动者续订劳动合同	经济补偿金:月平均工资×工作年限
28			用人单位被依法宣告破产	
29			用人单位被吊销营业执照、责令关闭、撤销或者用人单位决定提前解散	
30			法律、行政法规规定的其他情形	

（四）协商一致解除劳动合同经济补偿核算

表5-7 协商一致解除

序号	离职情形分类			补偿金核算标准
	大类	中类	小类	
31	协商一致	员工提出	协商一致	按协商一致的约定执行，可以有经济补偿，也可以没有补偿
32		企业提出	协商一致	经济补偿金：月平均工资 × 工作年限

（五）未签订劳动合同的事实劳动关系经济赔偿核算

表5-8 未签订劳动合同的事实劳动关系

序号	离职情形分类			补偿金/赔偿金核算标准
	大类	中类	小类	
33	未签订劳动合同的事实劳动关系	员工单方终止	用工之日起一个月内，员工单方终止	无
34			用工之日起一个月后，员工单方终止	经济赔偿金：2 × 月平均工资 ×（未订立劳动合同的月数−1），此处月数最大值为12
35		企业单方终止	用工之日起一个月内，员工拒签劳动合同	无
36			用工之日起一个月后，员工仍拒签劳动合同	经济补偿金：2 × 月平均工资 ×（未订立劳动合同的月数−1），此处月数最大值为12

二、经济补偿金赔偿金注意事项

（一）工作年限的核算

《劳动合同法》第四十七条规定，经济补偿按劳动者在本单位工作的年限，每满一年支付一个月工资的标准向劳动者支付。6个月以上不满1年的，按1年计算；不满6个月的，向劳动者支付半个月工资的经济补偿。

5-11：视频 企业处理员工辞职注意事项

（二）月平均工资的核算

月平均工资是指劳动者在劳动合同解除或者终止前12个月的平均工资。

1. 税前还是税后

《劳动合同法实施条例》第二十七条规定，经济补偿的月工资按照劳动者应得工资计算,包括计时工资或者计件工资以及奖金、津贴和补贴等货币性收入。经济补偿的月工资按照劳动者应得工资计算,这就意味着经济补偿基数包括社会保险和公积金个人缴纳部分。

2. 月平均工资特殊情况

劳动者月工资高于用人单位所在直辖市、设区的市级人民政府公布的本地区上年度职工月平均工资3倍的,向其支付经济补偿的标准按职工月平均工资3倍的数额支付,向其支付经济补偿的年限最高不超过12年。如劳动者月工资不高于本地区上年度职工月平均工资3倍的,则支付经济补偿金不受年限限制。

(三)经济补偿金免税范围

对于个人因与用人单位解除劳动关系而取得的一次性补偿收入(包括用人单位发放的经济补偿金、生活补助费和其他补助费用),其收入在当地上年职工平均工资3倍数额以内的部分,免征个人所得税。

超过的部分按照《国家税务总局关于个人因解除劳动合同取得经济补偿金征收个人所得税问题的通知》的有关规定,计算征收个人所得税。

(四)经济补偿金的分段计算

以上经济补偿金的计算方法主要依据的是自2008年1月1日起正式生效的《劳动合同法》。如员工工作年限跨越2008年,则2008年前的计算应主要依据原劳动部颁布的《违反和解除劳动合同的经济补偿办法》。如《违反和解除劳动合同的经济补偿办法》和《劳动合同法》的计算方法不同,则应以2008年为界分段计算(可参考表5-9)。

表5-9 经济补偿金的分段计算情形

分段	2008年1月1日前	2008年1月1日及以后
月工资标准的上限	无上限	本地区上年度职工月平均工资3倍
工作年限的上限	最长不超过12个月	月工资高于本地区上年度职工月平均工资3倍的,支付经济补偿的年限最高不超过12年;其余情况,无工作年限上限
劳动合同到期,企业提出不续签(非须签订无固定期限情形)	无补偿	按照2008年起的工作年限计算

知识7　竞业协议运用

依据《劳动合同法》第二十三条、第二十四条、第九十条,企业应注意竞业协议仅适用于表5-10中的情形。

表5-10　竞业协议的适用情形

分类	约束条件
适用主体	高级管理人员、高级技术人员和其他负有保密义务的人员
限制范围	与本单位生产或者经营同类产品、从事同类业务的有竞争关系的其他用人单位,或者自己开业生产或者经营同类产品、从事同类业务
生效前提	在劳动合同或者保密协议中与劳动者约定竞业限制条款,并约定在解除或者终止劳动合同后,在竞业限制期限内按月给予劳动者经济补偿
限制期限	不得超过两年
赔偿责任	劳动者违反竞业限制约定的,应当按照约定向用人单位支付违约金;给用人单位造成损失的,应当承担赔偿责任

为避免核心员工在职期间或离职后与企业形成竞争关系,企业应在运用竞业协议时做好风险防范措施(可参考表5-11制定)。

表5-11　竞业协议中的约定内容建议

分类	约定内容建议
调整竞业限制的主体资格	竞业限制仅适用于高级管理人员、高级技术人员和其他负有保密义务的人员。因此企业如需将更多的骨干员工纳入竞业限制的范围中,则可以从其他负有保密义务的人员入手,在竞业协议中将骨干员工明确为负有保密义务的人员,约定其对企业的技术、销售、经营、管理等方面负有保密义务
约定竞业限制的范围	企业在与员工约定竞业协议时,可以用列举的方式明确劳动者不能从事的具体行业领域,或类似的工作岗位名称等
约定补偿的金额	目前法律并未规定竞业限制的经济补偿标准,只有部分地区地方性法规或裁判机关的指导意见中有一些参考的补偿金标准。在竞业协议约定中应避免补偿金额过低的情况,如当地没有指导性建议,则可参考《关于审理劳动争议案件适用法律若干问题的解释(四)》第六条,将经济补偿约定为月工资额的30%,且不能低于劳动合同履行地的最低工资标准
约定协议的解除	在竞业协议中可以约定:协议期限内,用人单位可以随时解除竞业协议;员工不得单方解除竞业协议

分类	约定内容建议
明确违约的责任	如果员工违约，企业可以要求劳动者继续履行竞业协议，并明确违约金的金额。违约金的金额不宜过高，以防止仲裁或法院调整违约金的金额
约定监督的机制	企业可以在协议中约定，要求员工每半年提供一次其社保缴费信息或在找到新的用人单位后提供其与新单位签订的劳动合同等

专业技能操作

技能1　办理员工离职手续

根据学习情境、扮演角色、任务要求完成开具离职证明,发出离职邮件任务的操作步骤及关键节点如下。

一、确定15名离职员工的离职情形

根据知识点2离职情形分类的内容,HR和拟离职人员共同研讨确定15名员工每个人离职的具体情形(每种离职情形只能1名员工使用,不得重复),填写离职情形分类表,以便做好资料准备、开具离职证明等后续工作。

离职情形分类表

序号	姓名	性别	学历	部门	岗位	拟签订劳动合同时限	入职日期	月平均工资(元)	离职情形分类
1	曹玉熙	女	研究生	市场部	主管	五年	2017年3月2日	12 865	
2	秦依依	男	本科	产品部	主管	五年	2019年9月17日	35 677	
3	张玉	女	本科	研发中心	管培生	三年	2016年3月29日	13 463	
4	王磊	男	专科	人力资源服务中心	人力总监	三年	2016年11月21日	83 355	
5	李铭	男	本科	市场部	管培生	三年	2013年12月12日	33 812	
6	赵辉	男	专科	市场部	管培生	三年	2006年11月18日	13 814	
7	王菲菲	女	博士	架构中心	研发经理	五年	2018年7月11日	22 865	
8	梁小慧	女	本科	架构中心	主管	五年	2019年6月19日	12 765	
9	曲歌	女	本科	架构中心	管培生	三年	2011年5月12日	23 265	
10	许小青	女	专科	架构中心	管培生	三年	2001年7月3日	22 899	

（续表）

序号	姓名	性别	学历	部门	岗位	拟签订劳动合同时限	入职日期	月平均工资（元）	离职情形分类
11	周大法	男	硕士	市场部	高级经理	五年	2003年7月18日	16 865	
12	张小静	女	本科	市场部	销售总监	三年	2022年6月21日	27 865	
13	孙玉阁	男	专科	市场部	售后经理	三年	1991年7月11日	11 555	
14	李辰刚	男	本科	测试中心	测试高级经理	三年	2001年7月3日	33 441	
15	谢金龙	男	博士	测试中心	测试总监	三年	1991年6月19日	55 123	

二、准备离职资料清单

根据离职情形，HR和拟离职人员共同确定离职资料准备清单，填写离职资料准备清单。

离职资料准备清单

序号	准备工作内容	资料清单
1		
2		
3		
4		
5		

三、填写离职表单

HR指导离职人员填写离职工作表单，根据离职情形不同，离职人员需要填写的表单分别是：员工离职申请单、解除劳动合同协议书（员工提出）、解除劳动合同协议书（企业提出）、解除/终止劳动合同通知书。

四、发出即将离职邮件

HR和拟离职人员共同确定商量研讨填写即将离职邮件，具体表单格式如下：

主题：_____部门_____岗位_____（姓名）即将离职,请相关部门协助做好离职手续办理工作

各相关部门：
      _____部门_____岗位_____（姓名）将于_____年_____月_____日开始办理离职手续,
请协助做好相关离职手续办理工作。
 	
                                人力资源部
                          _____年_____月_____日

五、填写员工离职工作交接会签单

HR和拟离职人员共同确定商量研讨填写员工离职工作交接会签单。

员工离职工作交接会签单

员工姓名			所属部门		
岗　　位			离职批准日期		
员工类型	□试用期员工　□正式员工　□其他：				

用人部门交接	部门工作交接情况（已交接完成的画√）：
	□资料交接　□交接培训　□联系人交接　□其他交接：
	
	                        部门经理签字：_____
	            _____年_____月_____日				

相关部门交接	交接部门	交接项目（已交接完成的画√）		责任人	交接签字确认
	行政部	□门卡 □钥匙 □名片 □办公用品			
		□固定资产 □维修/赔偿费结算：			
	IT部	□邮箱 □VPN □OA内网账号			
	财务部	□借款 □支票 □发票			
		□项目应收账款（项目/数额/处理意见）： 部门经理签字：_____ _____年_____月_____日			
		□其他财务事项（项目/数额/处理意见）： 部门经理签字：_____ _____年_____月_____日			

（续表）

相关部门交接	人力资源部	□培训协议处理意见 □竞业协议处理意见		
		□缴纳社会保险和住房公积金的截止时间：_____年_____月		
		□工资结算截止日期： _____年_____月_____日		
	交接部门	交接项目（已交接完成的画√）	责任人	交接签字确认
	人力资源部	加班费用： □加班费截止日期： _____年_____月_____日		
		□剩余年休假： □剩余倒休： □年休假、倒休折算工资：		
人力资源部最终审核	□离职手续办理完毕，同意离职。 □离职手续办理不完整，整改要求： 人力资源部经理签字： _____年_____月_____日			
离职员工确认	我已与财务部门费用结算清楚，与上述各部门就相关事项交接完毕，于_____年_____月_____日离职。 离职员工签字确认： _____年_____月_____日			

六、开具离职证明

根据华兴公司人员离职人员基本信息表，HR和拟离职人员商定，为离职人员开具离职证明。

离职证明

兹证明_____先生/女士（身份证号：_____）于_____年_____月_____日入职我公司，劳动合同期限自_____年_____月_____日至_____年_____月_____日，现于_____年_____月_____日离职，离职手续已办理完毕，离职前的工作岗位为：_____。

特此证明

公司名称（盖章）

日期：_____年_____月_____日

七、发出离职邮件

根据华兴公司人员离职人员基本信息表，HR和拟离职人员商定，撰写离职邮件。

邮件主题:_____部门____岗位____(姓名)离职手续已办理完毕的通知
各相关部门: 　　　　　　部门_____岗位_____(姓名)离职手续已于_____年_____月_____日办理完毕,请各位知悉。 　　　　　　　　　　　　　　　　　　　　　　　　人力资源部 　　　　　　　　　　　　　　　　　　　　_____年_____月_____日

技能2 开展离职面谈

根据学习情境、任务要求、华兴离职人员基本信息以及确定的离职情形完成离职面谈。

一、填写离职面谈准备表

根据离职情形以及离职面谈的目的做好离职面谈准备,HR和拟离职人员研讨商定,做好问题清单和应对策略,填写离职面谈准备表。

离职面谈准备表

序号	内容分类	准备内容清单(单项或多项)
1	面谈目的	谈话目的: □企业辞退　□员工提出　□协商一致　□其他
2	面谈目的	工作交接: □尽快交接　□延长交接时间
3	面谈目的	离职补偿: □双方协商　□依据劳动合同法　□其他
4	面谈人选	□面谈人选:
5	面谈材料	资料收集: □员工简历　□个人信息登记表　□劳动合同 □绩效考核结果　□员工考勤记录　□其他
6	离职信息	内部沟通: □主管沟通　□周边同事沟通
7	面谈计划	面谈安排: □面谈时间 □面谈地点
8	面谈计划	面谈计划: 面谈问题清单 1. ＿＿＿＿＿＿＿＿ 2. ＿＿＿＿＿＿＿＿ 3. ＿＿＿＿＿＿＿＿ 4. ＿＿＿＿＿＿＿＿ 5. ＿＿＿＿＿＿＿＿ 问题应对策略 1. ＿＿＿＿＿＿＿＿ 2. ＿＿＿＿＿＿＿＿ 3. ＿＿＿＿＿＿＿＿ 4. ＿＿＿＿＿＿＿＿ 5. ＿＿＿＿＿＿＿＿

二、填写离职面谈记录表

根据离职情形以及离职面谈准备表,结合离职面谈引导问题清单,由HR进行提问,离职人员回答相关问题,完成离职面谈记录表。

离职面谈记录表

员工姓名		所属岗位	
所属部门		合同期限	
面谈时间		面谈地点	
面谈人员			
离职类型	□试用期内辞职　□合同期内主动辞职　□合同期满不再续签 □企业辞退　□其他		
原因分类	□薪资待遇　□企业福利　□家庭原因 □企业前景　□工作性质　□晋升机会 □企业文化　□工作环境　□工作压力 □培训机会　□工作时间　□健康因素 □人际关系　□其他原因:		
离职原因			
对公司建议或意见			
离职去向			
面谈遗留问题			

技能3　做好离职工作交接

根据学习情境、扮演角色、任务要求完成离职工作交接任务的操作步骤及关键节点如下。

一、填写工作文档移交清单

根据离职人员岗位特点由 HR 和拟离职人员口头确定工作文档移交清单内容,填写移交清单。

工作文档移交清单

资料主题					
移交人		移交人部门			
接收人		接收人部门			
移交资料清单	文档名称	份数	页数	原件	电子档
移交人说明					
接收人说明					
双方签字	移交人：＿＿＿＿＿＿ 时间：＿＿年＿＿月＿＿日		接收人：＿＿＿＿＿＿ 时间：＿＿年＿＿月＿＿日		

二、填写继任培训记录单

根据离职人员岗位特点由 HR、拟离职人员、继任人员共同确定继任培训内容,填写继任培训记录单。

继任培训记录单

移交人		移交人部门	
接收人		接收人部门	
监督人		监督人部门	
序号	交接培训内容	配套资料	备注
1			
2			
3			
4			
交接培训签字确认	移交人：_____ _____年___月___日	接收人：_____ _____年___月___日	监督人：_____ _____年___月___日

三、填写岗位联系人移交确认单

根据离职人员岗位特点由HR、拟离职人员、继任人员合理假定该岗位的联系人，填写岗位联系人移交确认单。

岗位联系人移交确认单

移交人		移交人部门		
接收人		接收人部门		
序号	联系人姓名	单位名称或所属部门	涉及工作内容	联系方式（电话、邮箱、QQ、微信等）
1				
2				
3				
4				
5				
6				
7				
交接确认	移交人：_____ 时间：_____年___月___日		接收人：_____ 时间：_____年___月___日	

技能 4 做好经济补偿金核算

根据学习情境,扮演角色,任务要求完成15名离职人员经济补偿金的操作步骤及关键节点如下:

序号	姓名	性别	学历	部门	岗位	签订劳动合同时限	入职日期	月平均工资（元）	离职情形分类	经济补偿金核算（写出核算步骤，由HR和拟离职人员签字确认）
1	曹玉熙	女	研究生	市场部	主管	五年	2017年3月2日	12 865		人力资源部签字：　　年　　月　　日 离职员工签字：　　年　　月　　日
2	秦依依	男	本科	产品部	主管	五年	2019年9月17日	35 677		人力资源部签字：　　年　　月　　日 离职员工签字：　　年　　月　　日
3	张玉	女	本科	研发中心	管培生	三年	2016年3月29日	13 463		人力资源部签字：　　年　　月　　日 离职员工签字：　　年　　月　　日
4	王磊	男	专科	人力资源服务中心	人力总监	三年	2016年11月21日	83 355		人力资源部签字：　　年　　月　　日 离职员工签字：　　年　　月　　日

（续表）

序号	姓名	性别	学历	部门	岗位	签订劳动合同时限	入职日期	月平均工资（元）	离职情形分类	经济补偿金核算（写出核算步骤，由HR和拟离职人员签字确认）
5	李铭	男	本科	市场部	管培生	三年	2013年12月12日	33 812		人力资源部签字： 离职员工签字： 年 月 日 年 月 日
6	赵辉	男	专科	市场部	管培生	三年	2006年11月18日	13 814		人力资源部签字： 离职员工签字： 年 月 日 年 月 日
7	王菲菲	女	博士	架构中心	研发经理	五年	2018年7月11日	22 865		人力资源部签字： 离职员工签字： 年 月 日 年 月 日
8	梁小慧	女	本科	架构中心	主管	五年	2019年6月19日	12 765		人力资源部签字： 离职员工签字： 年 月 日 年 月 日

（续表）

序号	姓名	性别	学历	部门	岗位	签订劳动合同时限	入职日期	月平均工资（元）	离职情形分类	经济补偿金核算（写出核算步骤，由HR和拟离职人员签字确认）
9	曲歌	女	本科	架构中心	管培生	三年	2011年5月12日	23 265		人力资源部签字： 离职员工签字： 年 月 日 年 月 日
10	许小青	女	专科	架构中心	管培生	三年	2001年7月3日	22 899		人力资源部签字： 离职员工签字： 年 月 日 年 月 日
11	周大法	男	硕士	市场部	高级经理	五年	2003年7月18日	16 865		人力资源部签字： 离职员工签字： 年 月 日 年 月 日
12	张小静	女	本科	市场部	销售总监	三年	2022年6月21日	27 865		人力资源部签字： 离职员工签字： 年 月 日 年 月 日

（续表）

序号	姓名	性别	学历	部门	岗位	签订劳动合同时限	入职日期	月平均工资（元）	离职情形分类	经济补偿金核算（写出核算步骤，由 HR 和拟离职人员签字确认）
13	孙玉阁	男	专科	市场部	售后经理	三年	1991年7月11日	11 555		人力资源部签字： 离职员工签字： 　年　月　日 　年　月　日
14	李辰刚	男	本科	测试中心	测试高级经理	三年	2001年7月3日	33 441		人力资源部签字： 离职员工签字： 　年　月　日 　年　月　日
15	谢金龙	男	博士	测试中心	测试总监	三年	199年6月19日	55 123		人力资源部签字： 离职员工签字： 　年　月　日 　年　月　日

展示评价

1.按照任务单要求,进行成果展示

2.扫码下载学习评价表,完成组内成员互评、小组评价并提交

5-12:学习评价表

项目五　学习评价表

评价项目		评价内容	评价要点	分值	评价手段及得分		
					小组	教师	得分
专业知识	离职风险预警	常见的离职征兆、离职高发的特点	掌握常见的离职征兆、离职高发的特点相关知识	2	客观测试		
	离职情形分类	1. 劳动合同解除补偿金 2. 劳动合同终止 3. 协商一致离职 4. 未签订劳动合同的事实劳动关系	掌握不同的离职情形分类,用人单位提出、劳动者提出的联系与区别	5			
	离职工作流程	离职提出阶段、工作交接阶段、离职收尾阶段相关表单的内容	掌握离职提出阶段、工作交接阶段、离职收尾阶段相关表单的内容	5			
	离职面谈	面谈准备的要点、离职面谈的要点	掌握调面谈准备的要点、离职面谈的要点	5			
	离职工作交接	资料交接、继任培训、联系人交接	掌握资料交接、继任培训、联系人交接相关事项	5			
	补偿金赔偿金	不同离职情形下补偿金赔偿金核算公式	掌握降不同离职情形下补偿金赔偿金核算公式	5			
	竞业协议运用	竞业协议的适用情形、约定内容	掌握竞业协议的适用情形、约定内容	3			
专业技能	为离职员工办理离职手续	1. 确定15名离职员工的离职情形 2. 准备离职资料清单 3. 填写离职表单 4. 发出即将离职邮件 5. 填写员工离职工作交接会签单 6. 开具离职证明 7. 发出离职邮件	填制齐全、准确,每处错误扣1分	10			
	开展离职面谈	1. 已完成离职流程办理 2. 填写离职面谈准备表 3. 填写离职面谈记录表	填制完整、齐全、准确,每处错误扣1分	10			
	做好离职工作交接	1. 合理假定离职交接的文件内容与数量 2. 填写工作文档移交清单 3. 填写继任培训记录单 4. 填写联系人交接确认单	填制完整、齐全、准确,每处错误扣1分	10			

（续表）

评价项目	评价内容		评价要点	分值	评价手段及得分		
					小组	教师	得分
专业技能	经济补偿金赔偿金核算	1. 劳动合同解除补偿金赔偿金核算 2. 劳动合同终止补偿金赔偿金核算 3. 协商一致离职补偿金赔偿金核算 4. 未签订劳动合同的事实劳动关系补偿金赔偿金核算	流程正确、完整、齐全、准确，每处错误扣1分	20			
职业素养	组织纪律	服从性	服从组长安排，不旷工，不迟到早退，不中途离开现场，不做与项目无关的事情	2			
	沟通协作	有效沟通	分工合理，按规定流程进行操作，进行有效沟通	2			
	工作态度	积极性	工作积极主动，认真负责，恪守诚信，追求严谨	2			
	工作效率	按时性	保持良好的工作环境，桌面整洁干净，有效利用各种工具，按时完成任务，错误率控制在10%以下	2			
	敬业精神	主动性	主动将工作做得更好，超出工作标准，并能主动思考，提出合理化建议	2			
思政评价	课前准备	笔记、资料收集、项目准备情况检查	齐全度、完整度、精准度检查，提升学生参与的积极性	2.5	教师主观评价（采取面谈法了解学生思想情况，关注学生的态度与情感等内在指标）×70%+客观评价×30%		
	课中参与	观察记录学生参与情况	讨论、分组发言、提问，以及其他互动环节的频度与质量的评价	2.5			
	课后作业	课后项目作业完成情况	特别检查学生所写文字的情感色彩与态度	2.5			
	课外活动	记录学生参与课外活动的积极性及表现	包括第二课堂、大赛、课后打扫教室卫生等活动	2.5			
总计				100			

项目六

规章制度管理

学习目标

❶ 知识目标

1. 理解劳动规章制度的内涵及构成

2. 掌握劳动规章制度制定的程序步骤

3. 掌握国家关于法定节假日和休息日以及关于带薪年假、病假、事假、婚假、丧假、医疗期等假期管理方面的法律法规

4. 掌握国家关于加班及各种假期的工资计算规定

5. 掌握企业考勤休假制度的构成要素及内容

6. 理解员工手册的内容及意义

❷ 能力目标

1. 能够制定符合法律规定且具有企业特色的考勤休假制度

2. 能够解答员工关于考勤休假方面的制度及流程问题

3. 能够协助员工办理请假、休假、加班等相关手续

4. 能够及时准确地汇总考勤数据,计算各类假期工资和加班工资

5. 能够编写符合企业实际、合法有效的员工手册

❸ 素质目标

1. 通过对劳动法律法规的深入学习和应用,提升法律意识,养成遵纪守法的习惯

2. 通过考勤休假制度制定和员工手册编写,增强制度设计与创新思维

3. 通过意见征询与有效沟通,培养跨部门协作精神和沟通能力

4. 通过材料审核与相关手续办理,养成细心严谨、认真负责的职业精神

【学习情境】

陈某于2019年4月1日入职华兴公司,双方订立了为期5年的劳动合同。2023年9月28日,因客观情况发生重大变化,公司未能就协商变更劳动合同达成一致,故提出与陈某解除劳动合同,并依法向其支付了解除劳动合同的经济补偿。陈某提出,加上2012年至2019年在其他公司的工作经历,其累计工作年限10年以上但不足20年,2023年应享有10天带薪年休假,但由于工作原因一直未休年休假,故要求公司支付相应的补偿。公司认为,陈某因自身原因未提出休2023年年休假,且在2022年年初休完当年度10天带薪年休假后长时间休病假,故不同意支付该补偿。陈某提出仲裁申请,要求公司支付2023年未休带薪年休假的工资报酬。

仲裁委审理后认为,陈某在2022年年初休完当年度10天带薪年休假,随后休病假2个月,依照相关规定,陈某仍然有权享受2023年度带薪年休假,故裁决支持了陈某的仲裁请求。

⚓ 工作任务

任务1　制定考勤休假制度

6-1：任务单

为进一步规范考勤休假管理，公司拟制定新的考勤休假制度。请按照劳动规章制度制定程序，组织制定并发布考勤休假制度。

（1）4～5人一组，成立起草团队，确定各成员的职责分工。

（2）组织意见征询会议，邀请员工代表参加。先由员工关系主管讲解国家相关法律法规，同时介绍公司的实际情况（包括现有考勤休假制度及实施中遇到的问题）；然后员工代表发言，提出意见和建议。员工关系专员做好记录。

（3）根据收集到的意见和公司的实际情况，制定考勤休假制度。

任务2　办理请假、加班手续

6-2：任务单

1. 请假申请与销假

（1）角色扮演：2人一组，1人是员工关系专员，1人是请假人。

（2）请假人提交请假申请，员工关系专员审核请假是否符合条件及流程，并检查请假申请表中的内容填写是否完备。

（3）休假结束返岗后，提交销假申请，员工关系专员审核销假是否符合流程以及销假表中的内容填写是否完备。

2. 加班申请

（1）角色扮演：2人一组，1人是员工关系专员，1人是加班申请人。

（2）加班申请人提交加班申请，员工关系专员审核加班是否符合流程以及加班申请表中的内容填写是否完备。

（3）员工关系专员制作并填写加班汇总表。

（4）员工关系专员计算加班工资。

3. 计算未休年休假工资

（1）仔细阅读学习情境中关于陈某的案件，2022年1月起陈某每月工资为8 000元，请计算公司应支付陈某2023年未休年休假工资多少元。

（2）通过该劳动争议案件，总结公司在带薪年休假管理方面应注意的事项。

任务3　编写员工手册

6-3：任务单

（1）4～5人一组，自创虚拟公司或者是学习情境中的华兴公司，分析公司所属行业背景，确定公司经营范围、公司文化、组织架构等。

（2）按照编写员工手册的4个步骤，编写公司的员工手册。

（3）提交员工手册文档，并做5分钟口头汇报，介绍员工手册的关键点和创新之处。

任务单6-1　制定考勤休假制度　　学时：2

班　级		小　　组			
组　员					
准备工作	1. 课前认真阅读学习情境及相关资料 2. 准备电脑、教材和笔，做好常规准备工作				
任务描述	1. 4～5人一组，成立起草团队，确定各成员的职责分工 2. 组织意见征询会议，邀请员工代表参加。先由员工关系主管讲解国家相关法律法规，同时介绍公司的实际情况（包括现有考勤休假制度及实施中遇到的问题）；然后员工代表发言，提出意见和建议。员工关系专员做好记录 3. 根据收集到的意见和公司的实际情况，制定考勤休假制度				
任务要求	1. 团队成员专业特长互补，结构合理 2. 考勤休假制度制定过程规范，记录完整 3. 考勤休假制度内容合法合理，语言严谨，符合公司特点				
成果展示	1. 团队成员名单及分工 2. 意见征询会议记录 3. 考勤休假制度（含草案文稿、审议文稿、终稿等）				

小组活动记录表

时　间		地　点	
主　题			
主要内容			

主持人：　　　　　　　　　　记录员：　　　　　　　　　　汇报人：

任务单6-2　　办理请假、加班手续				学时：2
班　　级		小　　组		
组　　员				
准备工作	1. 课前认真阅读学习情境及相关资料 2. 准备电脑、教材和笔，做好常规准备工作			
任务描述	1. 依据公司请假规定，办理请销假手续 2. 加班申请及相关表格的制作、填写 3. 计算未休年休假工资			
任务要求	1. 熟悉公司请假、加班申请制度和流程 2. 准确填写相关表单，关键信息记录正确，如具体时间和原因 3. 熟悉各类假期工资规定及计算方法			
成果展示	1. 相关表单 2. 请假手续办理流程图 3. 加班手续办理流程图			

小组活动记录表			
时　　间		地　　点	
主　　题			
主要内容			
主持人：	记录员：		汇报人：

任务单6-3 编写员工手册 学时：2

班 级		小 组			
组 员					
准备工作	1. 课前认真阅读学习情境及相关资料 2. 准备电脑、教材和笔，做好常规准备工作				
任务描述	1. 4～5人一组，自创虚拟公司或者是学习情境中的华兴公司，分析公司所属行业背景，确定公司经营范围、公司文化、组织架构等 2. 按照编写员工手册的4个步骤，编写本公司的员工手册 3. 口头汇报员工手册的关键点和创新之处				
任务要求	1. 行业背景分析准确全面，公司介绍贴近实际、表述清晰 2. 员工手册结构完整、内容合法合理、语言严谨条理，附有签收确认函 3. 口头汇报思路清晰、亮点突出				
成果展示	1. 参考资料 2. 公司员工手册				

小组活动记录表

时 间		地 点	
主 题			
主要内容			

主持人： 记录员： 汇报人：

知识1 劳动规章制度管理

一、劳动规章制度的内涵

劳动规章制度又称雇佣制度或工作规则。1959年，国际劳工组织将劳动规章制度定义为：企业界对工作规则、企业规程、服务规则、就业规范、职场纪律的统称，供企业的全体从业人员或大部分从业人员使用，专对或主要对就业中从业人员的行动做出有关的各种规定。

《中华人民共和国劳动法》第四条规定："用人单位应当依法建立和完善规章制度，保障劳动者享有劳动权利和履行劳动义务。"《中华人民共和国劳动合同法》第四条第一款规定："用人单位应当依法建立和完善劳动规章制度，保障劳动者享有劳动权利、履行劳动义务。"

劳动规章制度是指用人单位按照法定程序制定的，在用人单位内部对用人单位和劳动者具有约束力的劳动规章制度的总称。依据《劳动合同法》第四条第二款规定，劳动规章制度的内容应包括劳动报酬、工作时间、休息休假、劳动安全卫生、保险福利、职工培训、劳动纪律以及劳动定额管理等。

二、劳动规章制度的特征

用人单位制定的劳动规章制度是针对本单位的实际情况及现实问题而制定的，也是用人单位加强管理、进行制度规范的常用手段。它反映着人与人和人与物之间的关系，体现了生产过程中管理者与员工之间、管理者相互之间、员工相互之间的共同合作和分工协作关系。劳动规章制度的制定不仅是用人单位管理层意志的体现，也是全体员工意志的体现。劳动规章制度具有以下三个基本特征。

（一）调整对象和适用范围的特定性

劳动规章制度是用人单位和员工在劳动过程中的行为规则。它的调整对象仅限于劳动过程或者与劳动过程密切相关的事项。劳动规章制度通常以用人单位内部公开的、正式的行政文件为表现形式，仅在本单位内部适用，超出本单位范围自然就失去了效力。

（二）制定过程的合意性

《劳动合同法》第四条第二款规定："用人单位在制定、修改或者决定有关劳动报酬、工作时间、休息休假、劳动安全卫生、保险福利、职工培训、劳动纪律以及劳动定额管理等直接涉及劳动者切身利益的规章制度或者重大事项时,应当经职工代表大会或者全体职工讨论,提出方案和意见,与工会或者职工代表平等协商确定。"因此,劳动规章制度的制定应坚持"共议单决",用人单位在制定劳动规章制度时应当充分听取职工意见,对其合理化意见和建议应当吸取采纳,对不能吸收的意见和建议应当予以解释和说明。劳动者虽然依法享有参与权和建议权,但是劳动规章制度的最终决定权属于用人单位。

(三)约束力的双向性

劳动规章制度的内容是基于劳动者与用人单位之间存在的劳动关系而产生的权利和义务,不单纯是用来约束劳动者的,用人单位的管理行为也要受到劳动规章制度的约束。劳动规章制度既要维护企业正常的生产经营秩序,又要保证劳动者的合法权益得以实现。

三、劳动规章制度的意义

(一)劳动规章制度是企业正常运行的保证及员工行为的指南

在企业的运行过程中,针对企业全体员工的劳动用工管理主要有四种工具可以运用,分别是劳动法律法规、双方当事人签订的劳动合同、集体合同和企业劳动规章制度。由于劳动法律法规的相对原则性、劳动合同的单一性以及集体合同在劳动关系管理中作用的有限性,企业劳动规章制度较好地弥补了以上三种劳动关系管理工具的不足。劳动规章制度虽然属于调整个别劳动关系的规范,但规定的是企业共通的权利义务,适用于企业的所有劳动者。劳动规章制度明确了企业的劳动条件和企业员工的行为规范,可以大量减少因劳动条件不统一或对行为规范的解释不一致所造成的劳动纠纷。因此劳动规章制度保证了企业的正常运行,是企业员工行动的指南。

6-4:视频经典故事——制度的力量

(二)劳动规章制度是企业奖惩的依据

劳动法律法规是一种抽象的法律规范,在具体的劳动条件确定和劳动关系运行中,这些抽象的法律规范很容易产生歧义以致发生劳动争议。企业劳动规章制度就是对以上抽象的法律规范的具体规定与解释,它明确了工作场所的劳动条件与行为规范。劳动规章制度是企业劳动条件及劳动纪律等方面的具体规定,无论其法律性质如何,劳动规章制度都对企业的劳动者具有规范作用。因此,企业的奖惩必须以劳动规章制度为依据,这样才有助于企业对工作场所的正常管理,保障企业的日常运转,预防劳动争议的发生。

（三）劳动规章制度是劳动关系双方维权的利器

劳动规章制度是规范劳动者个人与企业之间关系运行的企业劳动规则，是签订劳动合同的主要依据之一。企业拥有经营自主权和对劳动者进行指挥命令的管理权。因此，企业通过制定劳动纪律、行为规范等手段来促使劳动者履行劳动义务，对劳动者进行管理。但由于企业是以追求利润为目标的，容易牺牲劳动者的利益甚至侵犯劳动者的权利，所以劳动规章制度要通过民主程序制定才能具有法律效力。劳动规章制度应该是劳动关系双方利益妥协和利益平衡的结果。因此，劳动规章制度一旦具有法律效力，它就不仅是企业维权的工具，也是劳动者维权的利器。

四、劳动规章制度的生效要件

根据《劳动合同法》《最高人民法院关于审理劳动争议案件适用法律问题的解释（一）》等规定，劳动规章制度的生效要件包括以下三个方面。

（一）制定主体合法

《劳动法》和《劳动合同法》都规定，用人单位应当依法建立和完善劳动规章制度。因此，劳动规章制度只能由法律或企业章程授权的主体制定，即用人单位。企业制定劳动规章制度时通常会授权或委托人力资源管理部门、行政部门或战略规划部门等起草。需要注意的是，劳动规章制度一定要以企业的名义发布，否则其效力范围容易遭到质疑，面临制定主体不适格的法律风险。

（二）制定内容合法、合理

劳动规章制度的内容必须在现行法律、法规的框架之内制定，不得违反法律、法规和政策的规定，否则企业极易因劳动规章制度内容不合法、不合理而引起劳动纠纷。依据《最高人民法院关于审理劳动争议案件适用法律问题的解释（一）》第五十条的规定，劳动规章制度得以成为审理劳动争议案件依据的一项重要前提，就是其内容不违反国家法律、行政法规及政策规定。从实践来看，在企业劳动规章制度法律地位的问题中，合法性相对来说比合理性更容易认定。当劳动关系双方就劳动规章制度的合理性问题产生纠纷时，劳动关系双方都不是最终的裁判者，最终的裁判者是劳动争议仲裁机构和人民法院。此外，企业劳动规章制度的内容要和劳动合同、集体合同做好衔接，避免发生冲突。

6-5：案例分析：因涂改考勤记录被开除

（三）制定程序合法

根据《劳动合同法》第四条的规定，劳动规章制度制定的程序一般包括起草草案、职工讨论、协商通过和公示告知四个步骤。

1. 起草草案

劳动规章制度的起草一般有两种情况：一种是新劳动规章制度草案的起草，另一种是旧劳动规章制度修正草案的起草。起草人一般是企业行政人员，也可委托外界顾问或专家代为起草。起草草案的具体过程可依照以下顺序进行。

（1）选定起草人员。起草劳动规章制度是一项具有政策性、知识性和技术性的工作，需要专业的团队来完成。企业应当选择懂法律政策、熟悉企业实际经营状况、有管理知识以及较高文字写作能力的人员，还要吸收工会干部和职工群众参加，一起承担企业劳动规章制度的起草工作。起草班子的人数没有特别的规定，但应精干有效。

（2）拟定起草大纲。起草大纲要确定劳动规章制度的基本框架、体系构成、内容梗概，明确起草工作的指导思想、方法步骤、人员分工、起草工作的要求以及完成起草工作的时间等。起草大纲决定着以后起草工作的成败，一定要反复论证，多征求职工和有关专家的意见。

（3）形成草案文稿。起草人员按照起草大纲确定的框架和内容，在计划时间内进行起草工作，形成劳动规章制度草案的文稿。草案文稿虽然不是正式的劳动规章制度，但也应符合劳动规章制度的外在表现形式，做到格式规范、内容全面。

2. 职工讨论

《劳动合同法》第四条第二款规定了劳动规章制度制定的必备法律程序，即经由职工代表大会或全体职工讨论、修改。

起草劳动规章制度和起草其他文件一样，不可能一次完成，而是要经过反复的修改才能成熟完善，因此，草案文稿修改时需要多次讨论。同时劳动规章制度草案文稿的修改讨论，不只是简单的起草工作程序，而是企业制定劳动规章制度坚持民主原则和公正原则的具体体现，修改的过程也不只是对文字的简单增删，而是对劳动规章制度内容的更进一步认识和深化，使其更加成熟和完善。

企业劳动规章制度草案的修改，应按照一定的步骤进行。通常先由起草人员自行修改，然后召开职工代表大会或全体职工大会讨论、修改。之后再由起草人员在征求各方意见的基础上进行综合整理、去粗取精，对文稿进行修改补充。经过反复讨论和征求意见，对文稿做反复的修改后，形成比较成熟的审议文稿。

3. 协商通过

经职工代表大会或征求全体职工意见后形成的劳动规章制度审议稿，再由企业代表与工会或者职工代表共同进行协商修改，最终形成企业劳动规章制度的终稿。一般认为，民主制定包括工会同意、职工代表大会通过、职工代表投票通过等形式。

4. 公示告知

企业制定的劳动规章制度，经法定程序确认其内容合法、程序有效后，要由企业法定代表人签字并加盖企业行政公章，作为正式文件向全体员工正式公布。企业可以通过网站、电子邮件、公告栏、员工手册、会议、培训、考试或劳动合同附件等方式进行公示，确保员工已知晓，并做好证据留存工作。

知识 2　考勤休假管理

　　企业期望员工在工作时间内通过自己的知识技能和努力,为企业做出一定的贡献;员工希望自己的付出能够从企业获取回报。保持双方投入和产出的平衡,才能促进员工关系的和谐发展。企业为员工支付了工资,必然会对员工进行相应的管理,使其有较好的产出。而考勤休假管理就是其中的管理之一。

　　考勤管理主要是从时间角度考察员工的工作情况,即员工在岗位上工作的时间。当然,一方面由于政府的一些强制性休假规定,另一方面为了让员工充分休息而更好地工作,休假管理也是考勤管理的重要一环。

一、考勤管理的原则

(一) 合法性

　　为了保护员工的合法权益,《中华人民共和国劳动法》《中华人民共和国劳动合同法》《国务院关于职工工作时间的规定》《职工带薪年休假条例》等法律法规对员工的工作时间和休假进行了详细的规定。国家法律法规对企业具有强制约束力,因此企业考勤休假管理要符合国家法律法规的要求。

(二) 符合企业实际情况

　　不同行业、不同性质、不同规模甚至不同发展阶段的企业面临的情况不一样,因此其考勤休假管理也有所不同。根据企业的实际情况,因地制宜地制定相应的考勤休假管理办法,促进公司的发展。

(三) 以人为本

　　员工是企业的重要资源,特别是在一些智力密集型高科技企业,员工的价值更加明显。因此,企业在制定考勤休假管理规定的时候,尽可能体现以人为本的原则,比如弹性工作制。通过考勤休假管理,企业可以提高员工的积极性和凝聚力,提高员工的创造力,更好地服务于公司的战略和目标。

二、考勤休假管理的主要内容

(一) 考勤管理方式

　　考勤管理方式是记录员工工作时间的手段或工具。一般来说,考勤管理方式有以下四种。

（1）刷卡方式。企业为每位员工办理一张IC卡作为考勤卡，每张IC卡对应一位员工。员工在进入和离开企业的时候均需要刷卡。IC卡能够准确地反映员工进入和离开公司的具体时间，作为员工的考勤记录。同时IC卡还兼具工牌的功能。IC卡操作简便，速度快，但是员工比较容易请人代刷。

（2）指纹方式。新员工入职的时候需要在考勤机上登记某个手指的指纹。员工在进入和离开企业的时候需要打指纹来记录考勤。指纹方式能够很好地避免员工考勤作弊，但是手指的干燥程度、干净程度等影响指纹的识别，进而会影响打卡的效率。

（3）签到方式。员工在进入或离开公司的时候在考勤登记表上签到来记录考勤。该方式简单，但是统计较为麻烦且浪费纸张。大企业不适用，仅仅适用于小微企业。

（4）人脸方式。人脸识别是基于人的脸部特征信息进行身份识别。员工只需在设备前短暂停留，系统便能自动识别并记录员工进入和离开企业的时间。人脸方式更智能，准确性更高。

（二）工作日、休息日、节假日、上下班时间等

企业考勤休假管理中要明确员工的上下班时间、每周休息时间以及企业规定的各种节假日放假时间等。

（三）加班、请假流程以及相应的工资待遇

员工考勤休假管理中要对员工的加班流程和请假流程进行详细的规定，还要规定加班和各种请假相对应的工资待遇。员工很容易在这方面与企业产生劳动争议，企业要格外注意这部分内容。

（四）出差、因公外出管理

因工作需要，员工可能出差或因公外出。因此，考勤休假管理中要对该部分做出明确的规定。

三、国家关于工作时间、节假日及假期的规定

（一）工作时间

根据《中华人民共和国劳动法》和《国务院关于职工工作时间的规定》，国家实行劳动者每日工作时间不超过八小时、平均每周工作时间不超过四十小时的工时制度。用人单位应当保证劳动者每周至少休息一日。根据国家的相关规定，企业可以安排的工作日及上下班时间有两种选择：

第一种是员工每天工作八小时，每周工作五天共四十小时。这也是大部分公司对于办公室工作员工的安排；

第二种是有一些特殊岗位或工种,比如两班倒员工,也可以每天工作六个半小时,每周工作六天。

另外国家规定每周至少休息一天,不一定是星期六或星期日安排休息,企业可以根据实际情况安排在一周的某一天休息,比如周一。这种情况在一些服务行业的企业比较常见。

因此,企业在员工考勤休假管理中要对本企业的具体工作时间做出明确的规定,并告知全体员工。

注意:休息日安排员工工作,可以安排补休,也可以支付2倍工资。

(二)法定节假日

根据国务院《全国年节及纪念日放假办法》的有关规定,国家法定节假日及放假时间如下。

元旦:放假一天;

春节:放假四天(农历除夕、正月初一、初二、初三);

清明节:放假一天;

劳动节:放假两天(5月1日、2日);

端午节:放假一天;

中秋节:放假一天;

国庆节:放假三天(10月1日、2日、3日)。

以上法定节假日均不包括每周休息时间。

注意:如果安排员工在国家法定节假日期间工作,必须支付3倍工资。

(三)年休假

根据国务院《职工带薪年休假条例》的规定,员工累计工作已满1年不满10年的,年休假5天;已满10年不满20年的,年休假10天;已满20年的,年休假15天。国家法定休假日、休息日不计入年休假的假期。员工在年休假期间享受与正常工作期间相同的工资收入。

企业确因工作需要不能安排员工休年假的,经职工本人同意,可以不安排职工休年假。对职工应休未休假天数,企业应当按照该员工日工资收入的3倍支付年休假工资报酬。

企业不安排员工休年休假又不依照本条例规定给予年休假工资报酬的,由县级以上地方人民政府人事部门或者劳动保障部门依据职权责令限期改正;对逾期不改正的,除责令该企业支付年休假工资报酬外,企业还应当按照年休假工资报酬的数额向员工加付赔偿金。

国家对于年休假的规定非常明确,且对于违规企业的处罚也非常严厉。因此企业要严格遵守国家的有关规定。实际操作中，企业可以采用以下方式来保证员工的带薪年休假。

（1）企业延长的放假时间。考虑到异地工作员工回家过春节需要的时间较长，且春节期间购买车票难，有些企业便将春节放假时间延长。除了国家规定的四天外，再增加七天。而企业增加的放假时间在通知明确为年休假时可以冲抵员工的带薪年休假。

（2）冲抵员工的事假时间。员工在工作中难免会遇到一些私人事务需要在上班时间请假处理，这时候可以要求员工用带薪年休假冲抵，员工请事假期间视同上班。

（3）集体旅游度假时间。有些企业为了加强团队建设，会以一个或多个部门为单位组织员工旅游度假。该旅游度假时间可以冲抵员工的带薪休假时间。

（四）丧假、婚假、产假（以北京市为例）

原劳动部〔1980〕劳总薪字29号文件规定，职工本人结婚或职工的直系亲属（父母、配偶和子女）死亡时，可以根据具体情况，由本单位行政领导批准，酌情给予一至三天的婚丧假（实际执行三天）。职工结婚时双方不在一地工作的；职工在外地的直系亲属死亡时需要职工本人去外地料理丧事的，都可以根据路程远近，另给予路程假。

根据2021年11月26日北京市第十五届人民代表大会常务委员会第三十五次会议通过的《关于修改〈北京市人口与计划生育条例〉的决定》规定，按规定生育子女的夫妻，女方除享受国家规定的产假外，享受延长生育假六十日，男方享受陪产假十五日。依法办理结婚登记的夫妻，除享受国家规定的婚假外，增加假期七日。

国务院令第619号《女职工劳动保护特别规定》中要求，女职工生育享受98天产假，其中产前可以休假15天；难产的，增加产假15天；生育多胞胎的，每多生育1个婴儿，增加产假15天。

根据上述国务院、原劳动部和北京市的相关规定，员工可以享受的假期为：

（1）丧假：直系亲属（父母、配偶和子女）死亡时，员工可以享受3天的丧假，去外地奔丧的员工还可以酌情增加路程假。

（2）婚假：员工本人结婚，可以享受3天的婚假，北京市在此基础上，增加假期7天。

（3）产假：女员工生育可以享受98天产假，其中产前可以休假15天；难产的，增加产假15天；生育多胞胎的，每多生育1个婴儿，增加产假15天。晚育的女员工，增加奖励假30天。北京市女职工可以在98天产假基础上，增加假期60天。

（五）工伤假

国务院《工伤保险条例》规定，职工因工作遭受事故伤害或者患职业病需要暂停工作接受工伤医疗的,在停工留薪期内,原工资福利待遇不变,由所在单位按月支付。以北京市为例,根据《北京市工伤职工仪式留薪期管理办法》(京劳社工发〔2003〕195号)第十二条"工伤职工在停工留薪期内或者尚未作出劳动能力鉴定结论的,用人单位不得与之解除或者终止劳动合同。"因此,员工的工伤假根据工伤治疗时间确定,且原工资福利待遇不变。

(六)医疗期、病假(以北京市为例)

《企业职工患病或非因工负伤医疗期规定》(劳部发〔1994〕479号)指出,企业职工因患病或非因工负伤,需要停止工作医疗时,根据本人实际参加工作年限和在本单位工作年限,给予三个月到二十四个月的医疗期:(一)实际工作年限十年以下的,在本单位工作年限五年以下的为三个月;五年以上的为六个月。(二)实际工作年限十年以上的,在本单位工作年限五年以下的为六个月;五年以上十年以下的为九个月;十年以上十五年以下的为十二个月;十五年以上二十年以下的为十八个月;二十年以上的为二十四个月。

同时还规定,医疗期三个月的按六个月内累计病休时间计算;六个月的按十二个月内累计病休时间计算;九个月的按十五个月内累计病休时间计算;十二个月的按十八个月内累计病休时间计算;十八个月的按二十四个月内累计病休时间计算,二十四个月的按三十个月内累计病休时间计算。

《关于贯彻执行〈中华人民共和国劳动法〉若干问题的意见》劳部发〔1995〕309号规定,职工患病或非因工负伤治疗期间,在规定的医疗期内由企业按有关规定支付其病假工资或疾病救济费,病假工资或疾病救济费可以低于当地最低工资标准支付,但不能低于最低工资标准的80%。

《北京市工资支付规定》指出,劳动者患病或者非因工负伤的,在病休期间,用人单位应当根据劳动合同或集体合同的约定支付病假工资。用人单位支付病假工资不得低于本市最低工资标准的80%。

综上,员工患病或非因工负伤,可以根据实际工作年限和在本单位工作年限享受相应的医疗期,且医疗期内工资不能低于北京市最低工资标准的80%。

(七)事假

《职工带薪年休假条例》规定,职工请事假累计20天以上且单位按照规定不扣工资的,则员工不享受带薪年休假。

《北京市工资支付规定》规定,劳动者在事假期间,用人单位可以不支付其工资。

因此,企业可以不给请事假的员工支付工资。企业可以通过内部规章制度来约定事假的其他事项。

知识3 员 工 手 册

一、员工手册的定义

员工手册是企业为了规范和指导员工行为、介绍企业文化和价值观,以及提供必要的工作信息而编制的内部文件,是能够让员工快速了解公司并能规范员工日常行为的小册子。

员工手册有两项基本功能:一是使刚进入公司的新员工快速了解公司的历史、文化、运作模式、员工管理规定、日常行为规范等,快速成长为公司的合格员工;二是规范员工的日常行为,强化行业或公司的特殊要求,提升公司整体的运作效率。一方面企业可以缩减培训成本与员工管理成本,另一方面有利于降低工作失误率与事故率,从而提高工作效率与效果。

二、员工手册的内容

员工手册是企业概况、企业文化和企业规章制度的浓缩,通常包括以下内容。

6-6:实例分享:茅台玖章

(1)公司概述。介绍公司的使命、愿景和价值观,也可介绍公司的发展历程、主要业务领域、主要成就、市场定位以及公司的组织架构等。公司介绍应简洁、全面,方便新员工快速了解公司的背景和文化,更好地融入公司。

(2)员工权利与责任。明确员工的基本权利,如工作权、休息休假权、获得报酬权、参与公司决策权等;同时强调员工的义务,如遵守公司规章制度、保守商业秘密、完成工作任务等。

(3)招聘与入职。介绍招聘流程、入职手续、劳动合同签订、试用期规定等,帮助新员工了解加入公司的流程和要求。

(4)薪酬福利。介绍员工的薪酬结构、工资发放、奖金、社会保险、住房公积金、商业保险、员工互助基金等福利政策。涉及与员工利益相关的内容,各项手续的办理条件和程序应着重予以说明。

(5)工作时间与休假。介绍工作时间、休息日、法定节假日、年假、病假、产假、婚假等休假制度,明确加班管理规定。

(6)培训与发展。介绍公司的培训体系、职业发展路径、晋升机制、绩效考核等,鼓励员工做好职业发展规划,不断提升自我。

(7)工作纪律与行为规范。明确员工的行为准则,如职业道德、工作态度、团队合作、反腐败、反歧视等,以及违反规定的处理机制。

(8)员工关系与沟通。阐述员工与上级、同事、下属之间的沟通原则,介绍员工意见反馈、投诉处理等机制。

（9）违纪处理与解雇。介绍违纪行为的分类、处理流程、处罚措施等，明确解雇的条件和程序。

（10）健康与安全。介绍工作场所的安全规程、职业健康保护措施、应急处理流程、事故报告等，强调安全生产的重要性。

专业技能操作

技能1 制定考勤休假制度

考勤休假制度是劳动规章制度的一部分,主要涉及工作时间和休息休假方面的规定。制定劳动规章制度应注意以下四个方面。

6-7：考勤休假制度（示例）

一、内容要有法律依据和针对性

劳动规章制度属于规范性文书,是国家法律法规和政策的延伸、细化。因此,劳动规章制度的内容必须遵守国家的法律法规,必须符合国家的政策文件。同时,还应依据企业实际生产经营情况,做出有针对性的具体规定和要求,使劳动规章制度保障劳动者享有劳动权利和履行劳动义务的作用真正落到实处,避免照搬照抄法律法规原则性的规定。

二、格式规范、内容齐全

就形式而言,劳动规章制度是由许多条文构成的。如果条文非常多,可以把条文按照内容与层次分为若干编、章、条、款、项、目。就内容而言,劳动规章制度通常包含前言、主文、附则三个部分。

三、语言严谨

劳动规章制度是以单位名义发布的规范性文书,其目的是约束和规范企业和员工的行为。所以,语言表述一定要明白准确,不产生歧义,确保相关条款正常执行。

（1）尽量使用"应当""必须""禁止"等带有强制意味的词语,避免"不可以""尽量"等口语化和建议性的语言。例如"公司建议员工出差后七个工作日内到财务部报销有关费用",此处的"建议"用得不妥,应改为"规定"。

（2）用词要规范。劳动规章制度的用语必须是正式的、规范的书面语言。不使用方言俚语和不规范的简称,不滥用冷僻词和生造词语。例如"公司总办""公司副总"等简称应改为"公司总经理办公室""公司副总经理"。涉及具体业务的专门用语时,需运用规范的专业术语。对于一些尚把握不准的提法和难以阐明的定义,不要勉强写入,以免造成歧义。

（3）语言表述要严密。劳动规章制度中,每一章节、每一条款甚至每一个词语都必须有确定的属性,人们对每一条款、每一词句的理解必须是一致的。有些企业制定的劳动规章制度的表述前后矛盾,语言漏洞较多,会出现盲区和误区,影响执行效果。

四、应当载明所需的其他条款

（1）起草者。注明起草者是为了肯定起草者的工作，明确责任主体。

（2）主办单位。表明执行或者承担全部劳动规章制度的责任归属。

（3）相关单位。表明劳动规章制度的适用对象，并提醒其遵守劳动规章制度。

（4）审议程序。表明该劳动规章制度的制定渊源。通常是表明制定（审议）者及其制定的时间（包括通过的文号）。一方面可以取得公信力，另一方面也方便日后查阅。

（5）公布程序。一般标明公布的人或部门、公布的时间以及公布的文号。

（6）相关规章。规章的数量较多，规章之间必须保持一致和连贯。因此，援用一项规章的时候必须考虑到相关的其他规章。交代相关的规章可增加适用规章的便利。

技能2　办理请假、加班手续

一、办理请假、销假手续

请假销假是员工的基本权利,也是公司管理的一部分。规范办理请假销假手续,有助于维护员工的合法权益,也有助于公司的正常运营。基本步骤如下。

(1)了解公司的请假规定。员工关系专员首先要熟悉公司的请假制度,包括请假类型(如病假、事假、年休假、婚假等)、请假时长、申请流程、审批权限等。

(2)协助员工确定请假类型和时长。员工根据个人情况,确定需要申请的请假类型和预计的请假时长。如有疑问需要咨询时,员工关系专员应及时解答,帮助员工理解不同请假类型的具体要求和适用条件。

(3)收取请假材料。员工根据公司规定的请假要求和流程,准备相应的请假材料,如婚假需提供结婚证,病假需提供病假条或诊断证明等,并如实完整地填写请假单。员工关系专员进行初步审核,确保申请材料齐全、信息准确。

员工请假、外出申请单(示例)

部门:

工号	姓名	离岗起止时间			天数	事由
		开始时间:　　月　　日　　时 结束时间:　　月　　日　　时				
		开始时间:　　月　　日　　时 结束时间:　　月　　日　　时				
		开始时间:　　月　　日　　时 结束时间:　　月　　日　　时				
		开始时间:　　月　　日　　时 结束时间:　　月　　日　　时				
		开始时间:　　月　　日　　时 结束时间:　　月　　日　　时				
		开始时间:　　月　　日　　时 结束时间:　　月　　日　　时				
事由选择类别:事假、病假、婚假、婚检假、丧假、产假、流产假、产检假、晚育陪产假、计生假、哺乳时间假、司机年审假、工伤假、年休假、补休调休、外出公干、旷工						

工号	姓名	离岗起止时间	天数	事由
请假事由、外出公干任务说明：				
考勤员签名： 日期： 月 日		主管审批： 日期： 月 日		

注：1. 员工请假、外出公干须提前填报此申请单，申请单的审批权限参阅考勤管理制度。

  2. 请假、外出公干结束后，应在3个工作日内确认销假时间。

  3. 事由选择仅标明类别代码，同一时间只能有一种代码选择。

  4. 员工必须按要求填写申请单。如因单据填写不规范而造成单据无效，导致员工考勤记录异常，人力资源部有权不作任何异常记录的补充和调整。

（4）员工关系专员负责跟进请假结果。一旦请假申请被批准，及时通知员工，并确认请假的具体开始日期和结束日期，同时提醒员工在请假前与直接上级或同事沟通，确保请假期间的工作得到妥善安排和交接。

（5）处理销假手续。休假结束后，员工应按时返回工作岗位，填写销假单，说明请假期间的情况。员工关系专员进行审核并存档。

（6）请假信息维护。根据请假记录情况，员工关系专员应及时维护人力资源信息系统中的请假信息，并将信息反馈至负责薪酬核算的同事，以便于处理薪酬核算事宜。

如果遇到特殊情况，如突发疾病、病情加重或家庭紧急事务，应及时与上级沟通，说明情况，并根据公司政策调整请假安排。

销假单

部门：

工号	姓名	填写日期	请假假别	原请假起止日期	实际请假起止日期
请假部门主管： 日期：			考勤员： 日期：		

二、办理加班手续

加班涉及员工的工作时间安排、薪酬核算。基本步骤如下。

（1）了解公司的加班管理规定。员工关系专员首先要熟悉公司的加班管理规定，包括加班的条件、申请流程、加班时长限制、加班费计算方式等。

（2）协助员工与上级沟通加班意愿。员工确保加班是为了完成紧急或重要的工作任务，在正式申请加班之前，可以先与直接上级沟通，说明加班的原因和预计的加班时长。如有疑问需要咨询，员工关系专员及时解答并提供必要的支持。

（3）收取加班申请单。员工按公司规定的格式填写加班申请单，包括加班的日期、时长、工作内容等。一旦加班申请被批准，员工应按照批准的时间进行加班。注意准确记录加班的开始和结束时间，加班结束后要复核，准确填写实际加班时数。下月初经部门考勤员统一审核后提交人力资源部门，员工关系专员负责审核和存档。

（4）处理加班补偿事宜。加班一般分为平时加班、周末加班和法定节假日加班。不同类型的加班有不同的补偿方式，包括加班费支付或调休安排。部门考勤员整理填写《加班统计汇总审批表》。员工关系专员收齐后，根据国家和公司的加班补偿规定，安排调休或支付加班费。

加班申请单

部门：　　　　　工号：　　　　　　　姓名：　　　　　　　月份：＿＿＿年＿＿＿月

日期	加班内容	起止时间	加班时数	主管审批	审批日期	复核时数

实际加班时数合计：　　　　小时

复核：　　　　　　　　审核：　　　　　　　　填制：

日期：　　　　　　　　日期：　　　　　　　　日期：

注：1. 此表由员工本人在加班前填写，并于下月初经部门考勤员统一审核。

2. 员工加班起止时间应对照实际加班时数审核，部门考勤员审核后在复核时数一栏中填写。

3. 对需发放加班工资的员工，该表作为审批加班统计汇总表的附件一同上报。

加班统计汇总审批表（　　　年　　　月）

部门：　　　　　　　　　　　　　　填报日期：　　　年　　　月　　　日

序号	工号	姓名	加班时数（小时）	备注

（续表）

序号	工号	姓名	加班时数（小时）	备注

审批：　　　　　　　　　　部门负责人：　　　　　　　　　　　　考勤员：

日期：　　　　　　　　　　日期：　　　　　　　　　　　　　　　日期：

注：此表须会同加班申请单在下月第三个工作日前上报人力资源部，以作为加班工资的发放依据。

技能3 编写员工手册

一、定框架

编写员工手册的第一步是确定员工手册内容的基本框架。一套完整的员工手册包括写在前面的话、公司概述、行为规范、员工管理制度、附则五个部分。

（一）用好"写在前面的话"

这部分的目的是欢迎员工并激发员工学习手册的热情,应以公司的董事长或总经理名义签发。包括以下四个方面:①欢迎词;②员工可通过员工手册获得什么;③祝福语与希望;④签名。

（二）灵活运用"公司概述"

这部分的目的是让员工快速了解和融入公司,包括以下六个方面:①公司的价值观;②公司的战略目标;③公司业务概况介绍;④公司的组织架构;⑤公司的发展历史;⑥公司的企业文化等项目。

（三）明确"行为规范"

通过组织员工学习行为规范和职业要求,可以提升公司员工整体的职业素养,进而提高工作效率和业绩。通常包括以下内容:①公司日常行为规范;②公司日常工作中的行为规范;③对外业务交往中的行为规范;④行业特殊职业要求(如食品行业对卫生行为的要求等)。

（四）重点制定"员工管理制度"

这部分是员工手册中最重要的部分,企业可以让员工充分了解相关制度与要求,进一步规范员工行为、降低员工管理成本。因而,这部分内容应该涉及从员工聘用到离职的一系列员工管理制度,包括以下主要内容:①聘用与离职(入职培训、试用、人事关系、离职管理等);②工作时间(正常上班时间、出勤、加班等);③报酬与福利;④休假;⑤员工培训与发展;⑥奖惩制度;⑦其他。

值得注意的是,员工只有在看到个人的发展与收获时,才有可能根据工作要求进行自我约束,才有可能全身心地投入工作。如果员工手册中仅强调对员工约束的部分,如考勤、加班、违纪处分等,而忽略了员工最关心的、与员工发展和福利相关的内容,这样的制度是缺乏人文关怀的,可能要付出更高的管理成本。

（五）不容忽视的"附则"

这部分主要是对一些未尽条款的补充说明,包括本手册的有效性、本手册的解释权、本手册的修订、未尽事宜的参照办法、保密原则、员工签收确认函等。注意,员工签收是保证员工手册合法及有效落实的一项重要措施,同时也是企业已经将相关制度告知员工的一项书面证明,因此,建议企业在附则部分将员工签收确认函作为一个子项目。

二、填内容

企业人力资源部要通过与相关部门的充分沟通,调动和发挥相关部门的专业性,与其共同编写员工手册。其中,"写在前面的话"可以由人力资源部编写,然后交给总经理或董事长审批、签字,也可以由总裁办编写,然后交给总经理或董事长审批、签字,具体由公司的权限特征与董事长或总经理的管理风格确定;"公司概述"通常交给负责对外形象宣传的部门,由市场部、企管部或行政部草拟;"行为规范""特殊职业要求"和"员工管理制度"及"附则",一般由人力资源部草拟,但人力资源部可以协调相关部门提供相应的制度文本与要求。最后由人力资源部对整个手册的内容进行认真审核,有疑问或错误的地方应及时与相关部门或责任人沟通确认。

三、审语言

员工手册内容填好后,还需要从以下三方面进行语言的审核。

（1）从语言风格上,审核员工手册是否与公司倡导的企业文化相吻合。通常来说,"写在前面的话"热情洋溢,"公司概述"激昂客观,"行为规范""特殊的职业要求"和"员工管理制度"及"附则"客观严谨。

（2）从用词与表述的方式上,审核员工手册的表述是否简洁流畅,是否易懂易记,去掉多余的表述,避免过多的长句。

（3）从整体的逻辑性与条理性上,审核员工手册每项内容之间的条理性,以及各项内容之间表述的逻辑性。

四、审合法性

（一）内容上是否与相关法律法规冲突

企业各项管理制度的内容合法是基本要求。如果不重视是否与国家和地方的相关法律规定有冲突,只是从公司发展角度强制推行公司的相关规定,可能会存在较大的法律风险。因此,企业在制定员工手册时,必须充分考虑相关法律条款,有条件的企业最好请公司内部负责法务的人员或外部法律顾问对员工手册的内容进行审核。

（二）相关制度的制定程序是否合法

《劳动合同法》明确规定:"用人单位在制定、修改或者决定有关劳动报酬、工作时间、休息休假、劳动安全卫生、保险福利、职工培训、劳动纪律以及劳动定额管理等直接涉及劳动者切身利益的规章制度或者重大事项时,应当经职工代表大会或者全体职工讨论,提出方案和意见,与工会或者职工代表平等协商确定。"通过民主程序制定的规章制度才有效。因此,企业在制定员工手册及相关制度时,必须按照相关程序执行,在每个阶段做好相关的文本记录并保存,做到有据可查,避免因为程序的不合法而承担不必要的风险。

（三）员工手册发布途径是否合法

《劳动合同法》明确规定:"用人单位应当将直接涉及劳动者切身利益的规章制度和重大事项决定公示,或者告知劳动者。"实践中,经常出现员工受到相关惩罚时说公司没有告知其相关制度,这就提醒公司务必重视发布途径,确保员工签字确认已知晓,并做好证据留存。

展示评价

1. 按照任务单要求,进行成果展示
2. 扫码下载学习评价表,完成组内成员互评、小组评价并提交

6-8:学习
评价表

项目六　学习评价表

评价项目		评价内容	评价要点	分值	评价手段及得分		
					小组	教师	得分
专业知识	劳动规章制度管理	劳动规章制度的内涵、特征及生效要件	理解劳动规章制度的内涵及特征,掌握劳动规章制度制定程序	12	客观测试		
	考勤休假管理	考勤休假相关法律规定及应用	掌握法定节假日和休息日、各类假期、加班的法律规定,会计算加班工资和各种假期工资	12			
	员工手册	员工手册的功能及内容	了解员工手册的两个功能,掌握员工手册的内容	6			
专业技能	制定考勤休假制度	企业考勤休假制度的构成要素及内容	内容合法合理,表述清楚严谨,符合公司特点	15			
	办理请假、加班手续	1.请销假手续、加班申请手续 2.未休年休假工资计算	手续办理流程规范,相关表单准确有效,表单内容填写完备、计算准确	10			
	编写员工手册	1.为虚拟公司或华兴公司编写员工手册 2.口头汇报手册亮点	内容合法合理、结构完整、语言严谨、易懂,口头汇报清晰、有条理、有亮点	15			
职业素养	组织纪律	服从性	服从组长安排,不旷工,不迟到早退,不中途离开现场,不做与项目无关的事情	2			
	团队合作	协作性	各成员分工合理,合作有序	2			
	工作态度	积极性	工作积极主动,认真负责,恪守诚信,追求严谨	2			
	沟通交流	有效性	保持积极有效的沟通,信息传递及时准确	2			
	工作效率	按时性	保持良好的工作环境,桌面整洁干净,有效利用各种工具,按时完成任务,错误率控制在10%以下	2			

（续表）

评价项目		评价内容	评价要点	分值	评价手段及得分		
					小组	教师	得分
思政评价	课前准备	笔记、资料收集、项目准备情况检查	齐全度、完整度、精准度检查,提升学生参与的积极性	5	教师主观评价(采取面谈法了解学生思想情况,关注学生的态度与情感等内在指标)×70%+客观评价×30%		
	课中参与	观察记录学生参与情况	讨论、分组发言、提问,以及其他互动环节的频率与质量的评价	5			
	课后作业	课后项目作业完成情况	特别检查学生所写文字的情感色彩与态度	5			
	课外活动	记录学生参与课外活动的积极性及表现	包括第二课堂、大赛、课后打扫教室卫生等活动	5			
总计				100			

项目七

员工纪律管理

学习目标

❶ 知识目标

1. 理解纪律管理的内涵和意义
2. 掌握纪律管理的原则和程序
3. 掌握违纪处理的情形和程序
4. 了解申诉的概念和意义
5. 掌握申诉的范围和程序

❷ 能力目标

1. 能够根据奖惩的程序步骤,对员工实施有效的奖励或惩罚
2. 能够熟练应用违纪处分的原则和方式,确保违纪处分合法合规
3. 能够选用恰当的调查方法,就员工申诉事项进行调查取证

❸ 素质目标

1. 通过纪律的内涵理解,增强自律意识,养成严守纪律、作风过硬的职业素养
2. 通过依法实施奖励或惩戒,培养学生敬畏法律、遵纪守法、依规办事的工作习惯
3. 通过员工申诉调查与处理,培养学生的逆向思维能力,增强风险意识和证据意识
4. 通过处理员工的不满和抱怨,培养学生的心理抗压和情绪调节能力

【学习情境】

　　小徐毕业于某校人力资源管理专业，专业知识基础扎实，人际交往能力也不错，在校时深受老师和同学好评。入职一个月，小徐主动对公司的人力资源情况做了初步调研，并与各部门经理和部分员工进行了访谈，她发现公司在员工管理中存在诸多问题。于是她在人力资源部门会议上提出，"人力资源是企业的第一资源，据我了解，公司在人力资源管理方面存在诸多问题，主要表现在岗位职责界定不清、员工激励机制缺乏、员工敬业度不高……"经理问："你有什么好的解决方案吗？"小徐说："暂时还没有。"经理微微皱了一下眉头说，过段时间我们再沟通。小徐觉得经理并没有重视她的建议和想法，不愿意做无用功了。

　　员工关系专员提出，本月有三名员工违纪，正在处理中。其中，员工A工作绩效一般，一个月内被发现脱岗（公司规定，在工作时间内，未经批准擅自离岗2小时以上视为脱岗）3次。员工B是一名中层管理者，在休病假期间注册了一家同业务类型的公司，原本属于公司的客户资源被分流。员工C出差回来不实报实销，在制度标准范围内按上限报销。

工作任务

任务1 表扬和批评员工

7-1: 任务单

根据情境案例,对新入职的小徐进行赞美和批评。

(1)请同学们对小徐进行表扬,评选出最佳赞美能手1名。

(2)请同学们对小徐进行批评,评选出最佳批评高手1名。

(3)分别总结表扬和批评的技巧,各自不少于5条。

任务2 处理违纪员工

7-2: 任务单

(1)角色扮演:5人为一组,1人是员工关系专员,1人是专员助理,其余3人分别是情境案例中的违纪员工A、B、C。

(2)员工关系专员及助理负责对违纪员工进行惩戒处理,注意处理方式及沟通技巧。

任务3 处理员工申诉

7-3: 任务单

(1)情境案例中的员工A和B,认为公司对其处分不当,提起申诉。

(2)角色扮演:员工申诉受理会谈,4~5人一组,1人是员工关系专员,1人是员工A,1人是员工B,1人是员工的部门经理,也可以有1名观察者。

(3)头脑风暴:员工关系专员组织小组成员讨论,针对以上2起员工申诉事件可以采取哪些方法进行调查取证,调查哪些内容?

(4)调查结束后,结合申诉事项调查的真实情况提出初步处理建议,并上报主管部门。

任务单7-1 表扬和批评 学时：1

班　级		小　组			
组　员					
准备工作	1. 课前认真阅读学习情境及相关资料 2. 准备电脑、教材和笔,做好常规准备工作				
任务描述	根据学习情境中的案例表述,对新入职的小徐进行综合评价,依次进行赞美和批评,评选出最佳赞美能手和最佳批评高手,并总结表扬和批评的技巧				
任务要求	1. 认真阅读学习情境中的案例表述,对小徐进行赞美和批评,要求有理有据,具体准确 2. 小组经过讨论,选出最佳赞美能手、最佳批评高手各1名 3. 分别总结表扬和批评的技巧,各自不少于5条,要求条理清楚、具体实用				
成果展示	1. 小组活动记录表 2. 表扬和批评的技巧				

小组活动记录表

时　间		地　点	
主　题			
主要内容			

主持人： 　　　　　　记录员： 　　　　　　汇报人：

任务单7-2 处理违纪员工		学时：2

班　级		小　组			
组　员					
准备工作	1. 课前认真阅读学习情境及相关资料 2. 准备电脑、教材和笔，做好常规准备工作				
任务描述	1. 角色扮演：5人为一组，1人是员工关系专员，1人是专员助理，其余3人分别是情境案例中的违纪员工A、B、C 2. 员工关系专员及助理负责对违纪员工进行惩戒处理，注意处理方式及沟通技巧				
任务要求	1. 认真阅读学习情境中的案例表述，分析员工的违纪行为事实 2. 公司奖惩制度有效，向员工说明违纪处分的制度依据 3. 实施恰当的处分，注意沟通技巧和处分程序				
成果展示	1. 违纪处理档案（包括违纪行为记录表、调查取证记录表、违纪通知单、员工申辩书、会议记录、处理决定书等） 2. 公司奖惩制度				

小组活动记录表			
时　间		地　点	
主　题			
主要内容			
主持人：	记录员：		汇报人：

任务单7-3　员工申诉处理　　学时：2

班　级		小　　组			
组　员					
准备工作	1. 课前认真阅读学习情境及相关资料 2. 准备电脑、教材和笔,做好常规准备工作				
任务描述	1. 情境案例中的员工A和B,认为公司对其处分不当,提起申诉 2. 角色扮演:员工申诉受理会谈,4～5人一组,1人是员工关系专员,1人是员工A,1人是员工B,1人是员工的部门经理,也可以有1名观察者 3. 头脑风暴:员工关系专员组织小组成员讨论,针对以上2起员工申诉事件可以采取哪些方法进行调查取证,调查哪些内容 4. 调查结束后,结合申诉事项调查的真实情况提出初步处理建议,并上报主管部门				
任务要求	1. 各成员角色归位,员工关系专员梳理会谈流程并组织开展,员工准备申诉理由和相关证据材料,部门经理准备对员工的观察记录和之前处理决定的依据,观察员做好记录和评价 2. 员工关系专员组织头脑风暴活动,记录员记录所有可能的调查取证方法和内容 3. 员工申诉处理报告结构完整、内容具体				
成果展示	1. 会议记录 2. 员工申诉处理报告				

小组活动记录表

时　　间		地　　点	
主　　题			
主要内容			
主持人：		记录员：	汇报人：

专业知识应用

知识1 纪律管理概述

"国有国法，家有家规"，任何一个组织都必须有自己的规章制度，才能规范其管理活动，约束员工行为，确保组织目标的达成。企业每个员工都必须有组织、有领导、有纪律地进行活动，才能确保劳动过程有序进行。如果没有严格的劳动纪律，每个员工一人一把号，各吹各的调，各行其是，自由行动，劳动过程必然发生混乱，甚至根本无法进行。因此，凡是共同劳动，只有在全体员工都遵守一定的工作秩序和劳动规则并听从指挥的条件下才能进行。构建和维持良好的纪律是企业管理者的重要任务。

一、纪律管理的内涵

（一）纪律的内涵

一般来说，纪律有三种基本含义：①纪律是指惩罚；②纪律是指通过施加外来约束达到纠正行为目的的手段；③纪律是指对自身行为起作用的内在约束力。这三层意思概括了纪律的基本内涵，同时也反映出良好纪律的形成过程是一个由外在强迫逐步过渡到内在自律的过程。

历史上关于纪律的说法见表7-1。毛泽东在《关于正确处理人民内部矛盾的问题》中写道，"在人民内部，不可以没有自由，也不可以没有纪律"[1]。这里的"纪律"指的是机关、团体、政党等为维护集体利益并保证工作的正常进行而要求其成员所必须遵守的行为规则。

表7-1 历史上关于纪律的说法

原句	出处	作者	朝代	纪律的含义
百官于是乎戒惧而不敢易纪律	《左传·桓公二年》	左丘明	春秋	纪纲，法度
照临有度，纪律无亏	《乐府诗集·燕射歌辞三·隋元会大飨歌》	佚名	隋	纪纲，法度
公在庙堂，总持纪律，一用公直，两忘猜昵	《祭欧阳少师文》	曾巩	宋	纪纲，法度
昔者圣王之造历数也，察纪律之行，观运机之动	《中论·历数》	徐幹	汉	规矩，规律

---

1 毛泽东文集（第七卷）[M].人民出版社,1999,209.

原句	出处	作者	朝代	纪律的含义
殊无纪律诗千首，富有云山酒一瓢	《和赵充道秘丞见赠诗》	邵雍	宋	规矩，规律
转运使摄帅事，与副总管议不合，军无纪律	《王仲仪真赞》	苏轼	宋	军纪
只因武备久弛，军无纪律	《警世通言·范鳅儿双镜重圆》	冯梦龙	明	军纪
良将之用众也，纪律必严，赏罚必信	《戴名世集·史论》	戴名世	清	军纪

综上所述，纪律是在一定社会条件下形成的、集体成员必须遵守的规章条例的总和，是要求人们在集体生活中遵守秩序、执行命令和履行职责的一种行为规则。

（二）劳动纪律的概念及内容

劳动纪律是指用人单位依法制定的要求全体职工在劳动过程中必须遵守的行为规则。劳动纪律是企业劳动规章制度的重要组成部分，往往带有惩戒性质。劳动纪律是对劳动者在生产工作中的行为进行规范、协调和监督的手段，涉及劳动过程中人与人之间、人与劳动工具、劳动对象之间的关系管理。劳动纪律通常包括时间纪律、组织纪律、岗位纪律、协作纪律、安全卫生纪律和品行纪律等。

由此可见，纪律是企业为了保证正常的工作和经营秩序，而对员工的行为进行规范的一种正式规则。纪律并不意味着僵硬的规定和严格的信条遵守，而是指正常而有秩序的活动。在组织中，良好的纪律能够确保全体成员的利益，同时能够防范某些侵犯他人利益或权利的行为发生。

（三）纪律管理的内涵

纪律管理是维持组织内部良好秩序的过程，是凭借奖励或惩罚等措施来纠正、塑造以及强化员工行为的过程。纪律管理的目的是奖励守规者和守规行为，惩罚违规者和违规行为。

一个团结协作、富有战斗力和进取心的团队，必定是一个有纪律的团队。同样，一个积极主动、忠诚敬业的员工，也必定是一个具有强烈纪律观念的员工。可以说，纪律永远是忠诚、敬业、创造力和团队精神的基础。对企业而言，没有纪律，便没有了一切。

7-4：华为的"干部八条"和"十六条军规"

二、纪律管理的分类

根据功能和作用的不同，纪律管理可以分为预防性纪律管理和矫正性纪律管理两类。

（一）预防性纪律管理

预防性纪律管理强调鼓励员工遵守劳动标准和规则，并主张采用积极有效的激励方法，通过事前管理，预防违规违纪行为的发生。预防性纪律管理偏重采取奖励形式，如表扬、升职加薪、技能提升培训、荣誉证书、奖章等。

其基本假设是，员工会遵循他们已经明白且接受的目标和标准，并能够进行自我约束和自我指导。因此，纪律管理是训练员工，使其自我控制，并使工作变得更有成效的程序。它强调组织的纪律应当事前明示并与员工进行沟通，鼓励员工自律，通过员工自我约束来实现组织目标。

（二）矫正性纪律管理

矫正性纪律管理是指当员工出现违规行为时，为了阻止该行为继续发生，或者防范类似行为的扩散而采取的管理措施。矫正性纪律管理偏重采取处罚形式，如警告、降职降薪、解雇等。

其基本假设是，管理者把纪律管理视为增强行为的一种要求，认为员工之所以服从纪律，是因为惧怕强制措施或处罚办法。因此，纪律管理是当员工违反一般社会准则、法律规则或组织规则时，组织对员工所采取的行动。通过采取禁止和处罚措施，切实保障员工能遵守规章制度，进而提高工作绩效，实现组织目标。

三、纪律管理的原则

（一）合法性

合法性是纪律管理的基本原则。企业的规章制度必须符合国家及当地的法律法规，不能认为企业的规章制度是企业内部的事务，可以不受法律约束，更不允许规章制度与国家法律法规相抵触。企业对员工进行奖励或惩罚的行为、方式及程度必须于法有据，且须履行民主程序和公示告知程序。

（二）公正性

企业应全面考虑员工的职责、动机、过错影响程度等因素，给予员工对等、合理的惩戒，即过错与惩戒对等。凡是发生同样或类似过错的员工，应接受同一种类与程度的惩罚。无论是管理者还是被管理者，无论是绩优员工还是绩差员工，纪律管理必须遵循制度面前人人平等、一视同仁的公正性原则。

（三）即时性

即时性原则（也称热炉原则），强调对违纪员工要即时处理。员工一旦犯错，最好能在30秒的速度之内飞速给予反馈,也就是要趁热打铁,提出警告并给予惩罚,这种惩罚能令员工深刻记忆。一般来说,员工都比较繁忙,在他做错事情的时候,如果管理者不立即指出,只是记录在册,准备等到绩效考核的时候再对其实施处分,则为时已晚。

(四)渐进性

渐进性原则强调的是一点一点渗透、一次比一次厉害,目的在于确保对员工所犯的错误施以最轻的惩罚。也就是能惩罚轻的时候,绝不采取更重的措施。通过回答一系列与犯错误严重程度有关的问题来决定采取哪种惩罚措施。以第一个问题为例,针对员工的行为,员工关系管理者首先要问"这是不恰当的行为吗",如果回答"不是"就不实施处分;如果回答"是"就接着问下一个问题,"这种不恰当的行为是否应该受到处分呢",如果还说"是",就到了第三步,如果否定了,就不实施处分。以此类推,每一个问题的提出都是来源于对前一问题的肯定性回答,如果是否定性回答就采取如图7-1右边的方式来处罚。

7-5:视频
渐进式纪律

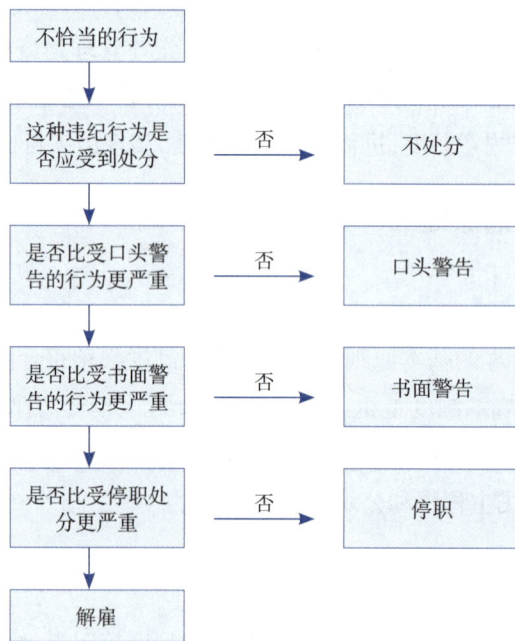

图7-1 渐进性惩处的方法

知识2 违纪员工处理

一、违纪行为的类型

（一）非直接工作行为

这类行为主要与员工个人品质和不良表现相关，与工作不相关，但会对企业或员工管理造成不良影响，比如打架、偷盗、虚假报销等。

（二）一般工作行为

这类行为直接影响企业正常的工作秩序和工作氛围，比如旷工、消极怠工、代打卡、脱岗、侵占他人劳动成果、销售人员飞单或诱导客户私下交易等。

（三）危及安全健康行为

违反安全健康法律、公共卫生制度和操作规则的行为，不但危害企业的利益，也会伤及员工本人、同事、顾客及其他人员的安全健康。一些重大的事故甚至会造成严重的社会影响。

（四）损害企业利益或形象行为

这类行为主要包括泄露企业生产经营秘密、受贿、行贿、伪造记录、捏造事实、群发邮件等损害公司形象的言行。

二、违纪处理的四个阶段

企业对违纪员工进行惩戒的过程中要遵循渐进性原则，由轻至重区分出不同的处理阶段。一般可分为四个处理阶段。

（一）口头警告

对于违纪行为较轻或初犯者，通常是提出口头警告，并告知原因。在警告阶段，员工有上诉权，员工关系专员务必做好处罚记录，并要求员工签字。警告期一般为半年以内。

（二）初次书面警告

如果违纪行为较严重，或再次发生，员工将被书面警告。书面警告的内容包括惩戒的原因、处理的依据、对其改进的要求以及时限等。在警告阶段，员工有上诉权，警告文本的副本存入个人档案。书面警告期一般为12个月。

（三）再次或最后书面警告

如果在初次书面警告之后，员工行为仍没有改进或违纪行为较为严重，员工通常会受到最后一次书面警告。文本的内容和处理方式同初次书面警告。

（四）解雇或停职

如果经历上述惩戒阶段后，员工的行为和绩效改进仍然不能令人满意，通常会被解雇。员工收到书面通知，内容包括解雇原因、结束日期等。员工有上诉权。对于特别严重的违纪行为，比如严重违反公司规章制度、严重违纪等，公司可以即时解除，不需要事先通知本人或给予经济补偿。

当员工的违纪行为比较严重时，有必要进行调查后再处理。在待处理期间，可以停止员工的职务，停止发放全额工资。注意停职期不宜太长，待调查清楚后，企业应立即作出相应的处理决定。

知识3　员工申诉管理

一、申诉的概念及意义

申诉是指组织成员以口头或书面等正式方式，表示出来的对组织或企业有关事项的不满。即员工感受到任何真实的或想象的不公平时，用一种正式的、事先安排好的方式提出来。申诉为澄清纠纷提供了一种机制，有利于企业和员工双方在不同层次上进行协商，确保员工的问题能得到及时有效的处理，将纠纷化解在萌芽状态。

企业内部建立员工申诉制度的意义如下：

（1）提供员工依照正式程序维护其合法权益的救济渠道。如果员工感到自己没有得到公平待遇，或对工作条件不满，负面情绪得不到宣泄，容易导致工作效率降低，意外事件增加。申诉可以看作一种处理争议的机制，为员工提供了释放不满的机会。多层次的申诉程序安排，有利于双方利用一切机会沟通协商、达成共识、解决纷争，改善工作氛围，而不是被迫走上仲裁诉讼之路。

（2）促使管理者审视人力资源管理制度与规章的合理性。申诉为管理者发现问题提供了重要信息来源，就员工关注的有关工作事项发展成为主要问题或可能的集体纠纷之前提供了公平快速的解决机制，充分发挥了企业劳动用工风险预警的作用，提高了企业内部自行解决问题的能力，避免外力介入或干预使问题扩大或恶化。

二、申诉的种类

（一）个人申诉

个人申诉多是由于管理方对员工进行惩罚引起的纠纷，通常由个人或工会代表提出。其内容包括从管理方的书面警告开始，到最终员工被解雇整个过程中可能引发的任何争议。争议的焦点是违反了集体协议中规定的个人和团体的权利，如有关资历的规定、工作规则的违反、不合理的工作分类或工资水平等。

（二）集体申诉

集体申诉是为了集体利益而提起的政策性申诉，通常是工会针对管理方（在某些情况下，也可能是管理方针对工会）违反协议条款的行为提出的质疑。集体申诉虽不直接涉及个人权利，但却影响整个谈判单位的团体利益，通常由工会委员会的成员代表工会的利益提出。例如，管理方把协议中规定的本应在企业内部安排的工作任务外包给其他企业，这一做法可能并没有直接影响到某个员工，但它意味着在谈判单位内部雇佣的员工会更少，工作岗位也会更少，因而工会可以团体利益为基础提出申诉。

三、申诉的范围及程序

(一)申诉的范围

员工申诉制度的主要作用,在于处理员工工作过程中的不满,其范围一般限于与工作有关的问题。凡是与工作无关的问题,通常应排除在外,例如员工的私人问题、家庭问题,虽然可能间接影响其工作绩效,但并不是申诉制度所应该或能够处理的问题。一般而言,员工在劳动关系中可能产生的不满,可以通过申诉制度处理的事项主要有:薪资福利、劳动条件、安全卫生、管理规章与措施、工作分配及调动、奖惩与考核、群体间的互动关系以及其他与工作相关的不满。

(二)申诉的程序

处理申诉的程序,因企业规模大小、事情轻重,以及有无工会组织而有所不同,有的只有一两个阶段,有的则多达五六个阶段。但一般而言,申诉的起始阶段多由申诉人与其管理者直接协商,然后由工会代表和主管领导洽商,如争端仍未获解决,最终则通过第三方仲裁。原则上,问题如果能在第一阶段获得解决,申诉就不再进入第二阶段。

在无正式工会组织的企业,员工若有任何抱怨与不平,大多直接由申诉人与其主管直接协商,如果没有解决,则依序向上一级提出,直至其最高主管来解决。在有工会组织的企业内部,员工申诉程序往往通过正式的流程来处理。处理员工申诉,不管企业内部是否有工会组织,其主要程序可以归为五个阶段。

1. 员工提交申诉

员工以书面形式向相关部门或机构提交申诉、明确事项、理由和请求。

2. 受理申诉

受理申诉即申诉者与监督者、管理者会谈。管理者在接受申诉的过程中,要心平气和地对待申诉人,用真诚、关怀的态度接纳申诉人,并细心观察其言行,从其行为和谈话中探寻产生抱怨的关键原因。

3. 查明事实

管理者要查明争议事实,不得有偏袒。如果事情涉及双方,则对双方的事实都要进行调查和了解。其内容主要包括员工是否违反了有关规定,员工是否了解该规定,员工是否已经得到了适当的警告与提示,对员工的处理是否与过去的个案一致,是否合理公平。查明事实的方法有:实地调查、与员工面谈、分析和检讨各项政策规定和措施、检查相关资料、与有关员工研讨。

4. 解决问题

管理者在了解了有关员工申诉的事实真相后,应设法对问题加以解决,并向员工说明事实的本来面目,消除员工的误解。解决员工申诉的方法有:①提供与抱怨发生有关的原因信息;②对各项事实真相迅速给予解释;③在特殊情况下,对员工个人表示充分同情;④对苦恼的员工保证并说明事实绝非他所想象的恶劣;⑤承认个人的人格尊严和价值;⑥必要时给予有效的训练;⑦协助员工勇于面对现实;⑧帮助员工解决个人所遇到的各种困难;⑨利用工作轮换解决冲突;⑩改变物质上的不利条件等。

5. 申请仲裁或诉讼

如果员工的不满不能在组织内部获得满意解决,则双方都可以诉诸第三方来解决争议。劳动争议仲裁委员会对劳动争议进行裁决后,除法律规定的特殊情形外,当事人如果对裁决结果不服,可以在规定的期限内向人民法院提起诉讼。

专业技能操作

技能1　实施奖惩激励

奖励和惩罚是纪律管理的两种形式。其中,奖励属于积极的激励诱因,是对员工某项行为或工作成果的肯定,旨在利用员工的上进心和荣誉感,促使其守法守纪、尽职尽责,激发其最大潜能,形成标杆和示范效应。惩罚是消极的诱因,是对员工某项行为或工作成果的否定,旨在利用人的畏惧感,促使其遵纪守法,纠正行为,形成警示作用。

奖惩实施的程序和步骤有:

(1)有明确的奖惩依据,即用人单位首先需要建立绩效考核、员工奖惩等规章制度,其内容应当合法、公正、具体、明确,具有可操作性。

(2)符合民主程序,即应征求工会或员工的意见,尤其是某些惩戒措施还必须经过法定的民主程序,经过职工大会或职工代表大会,或至少是职工代表同意。

(3)向员工公示告知,即将奖惩结果送达员工。

(4)给被惩戒员工申诉的机会,必要时企业应调查取证,避免草率处罚。

表扬员工的方法与技巧

(1)赞赏要具体,而不是泛泛而谈。对于员工来说,就某个具体的事件对其进行赞赏,会让他更印象深刻而受鼓舞和感激,也会认为你是真的赞赏他,因为有事实为证。

(2)赞赏要善始善终,最忌虎头蛇尾,如开头表扬结尾批评。赞赏而不是批评,宁可先贬后褒,切忌先褒后贬,那样意义会完全不同。

(3)当众赞赏,员工的感觉会更好。人都希望发生好事的时候别人都能知道,那样很有面子,因此最好当众赞赏员工,他会感激你一辈子。

(4)赞赏要记录备案,以示重视,以表正式。如果能把每次的赞赏记录在案,一方面能通过此了解员工的历史工作表现情况,另一方面员工也会觉得真正受到重视,赞赏的分量因此更重。

(5)主动寻找机会赞赏员工。将赞赏作为常态化进行,在日常的工作中随时随地赞赏员工,而不是一定要等到重要的事件发生后。做一个真正会赞赏员工的管理者,会更加赢得员工的喜爱。

批评员工的方法与技巧

（1）迅速批评。员工犯错误要立即指出，而不能拖得太久，那样印象已不再深刻。

（2）私下、面对面批评和指导。人性是希望在众人前被赞赏，同时更希望挨骂时周围都没有人知道。管理者需要顾及员工的面子。

（3）就所犯错误的事实达成一致，注意询问和倾听。共识管理很重要，管理者判定员工犯错也要得到员工认同，要给员工机会说话，而不是劈头盖脸一顿臭骂，过程中要注意询问和倾听。

（4）对事不对人。批评是针对员工具体的行为，应就事论事而不是对其本人，最忌对人本身的批评乃至攻击。

（5）说明某项工作的重要性。要让员工认识到所犯错误的严重性，下次不再犯。

（6）就补救方案达成一致。批评不仅是让员工认识到错误，更是要找到解决错误的办法和方案，如果能和员工就错误补救的方案达成一致，那就真正达到了批评的目的。

（7）以肯定的言辞结束批评。无论如何，后面的工作还是需要员工继续做下去，因此不能一味打压，还是要给予员工鼓励和肯定，使员工不至于因为过于沮丧而丧失工作积极性。

技能 2　违纪处分的程序

一、设立组织目标

组织目标是组织在当前和未来想要实现的目标,包括公司认可员工什么样的行为、什么样的表现这种当前很具体的目标,也包括公司要往哪方面发展的长远目标。

目标是行动的先导。因此,在制定规章制度之前首先要设立符合组织实际、明确清晰的组织目标。

二、建立规章制度

在建立规章制度之前要让员工了解为什么要建立这样的规章制度,让员工认同这些规章制度。具体的规章制度包括员工的行为规范、奖惩处罚条例等成文的制度。

三、向员工说明规章制度

无论是在新员工培训的时候还是在部门会议上,规章制度的具体内容和要求要不断告知新老员工。只有在大家不断知情、不断被提醒的时候,公司才可以用这些制度去处罚员工。

四、观察员工的表现

向员工说明了规章制度以后,接下来要做的就是不断观察员工的表现,并且经常给予反馈。经理要告知员工"你这么做是不对的,那么做是对的;这么做可能违反了哪一条规定",只有在经理不断提醒、不断反馈的情况下,如果员工依然犯错误,才可对其实施惩罚。

五、表现与规章制度相比较

在实施惩罚前,要将犯错员工的表现和成文的规章制度作对比,比较二者是否相差很多,差距表现在什么地方,为下一步骤的实施提供有力的依据。

六、实施恰当的处分

如果员工的行为背离了规章制度,就要遵照规章制度对其实施恰当的处分。

处分结束并不意味着真正的结束,这个奖惩处分程序其实是一个封闭的循环,所以,处分结束后要进行再次说明、再反馈、再对比,如果还是不行,只能再处分。违纪处分的程序如图7-2所示。

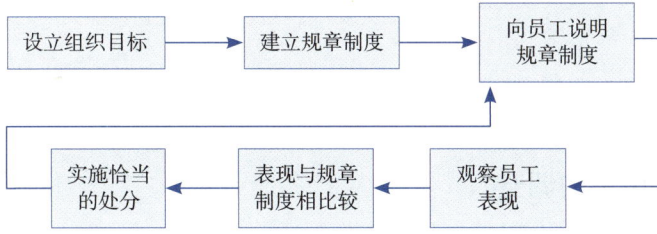

图7-2 违纪处分的程序

技能3 员工申诉调查与分析

一、员工申诉的调查

了解事实的真相和员工本人的意愿是处理员工申诉的关键步骤。一般来说，员工申诉调查的途径包括以下三种。

（一）资料检索

检索有关员工和企业的资料。员工的资料包括员工档案、人事评价、培训资料、绩效评估等，企业方面的资料包括规章制度、会议文件、企业与员工签订的劳动合同等。

（二）直接调查

直接与员工的亲友或家人接触，了解员工的兴趣、爱好及思想动向；也可以向员工的同事、上级了解员工情况。通过直接调查可以较为全面地掌握员工本人的真实资料，以便妥善解决争议。

7-6：视频员工申诉的受理与调查案例分析

（三）外部咨询

通过购买的方式从有关组织机构取得相关资料，并建立资料库进行分类和归档保管，以便对解决劳动争议提供有力的支持。

二、员工申诉的分析

针对员工提出的申诉问题，员工关系专员需深入研究员工申诉的目的和原因，找出需要解决的问题。

（一）申诉的原因

一般情况下，员工在工作中遭受到的不满和不公平待遇，除薪酬福利待遇等经济因素外，还包括不公平的晋升机会、过于苛刻的工作要求、繁重的工作压力等。此外，其他工作人员的违法违纪行为、公司管理制度的不合理设定以及公司其他员工的不合理行为等，也可能是员工申诉的直接或间接的原因。

（二）申诉的反馈

员工关系专员需要对申诉事由进行反复详尽的验证和了解，对申诉的原因和主要内容进行调查，在查清事实的基础上客观、公正地处理，力争将员工申诉的问题以最快、最平稳的方式解决。

申诉处理完成后,员工关系专员应告知申诉发起人其申诉要求是否得到处理,处理结果如何,是否解决了员工的问题。如果员工对申诉结果不满意,应通过何种渠道解决相关问题。此外,处理结果也应通知到员工申诉处理涉及的其他相关人员,如要求相关人员停止错误行为,对受伤害员工进行赔礼道歉或赔偿,或对不合理的规章制度进行修改等。

展示评价

1. 按照任务单要求,进行成果展示
2. 扫码下载学习评价表,完成组内成员互评、小组评价并提交

7-7:学习
评价表

项目七 学习评价表

评价项目		评价内容	评价要点	分值	评价手段及得分		
					小组	教师	得分
专业知识	纪律管理	纪律的内涵、纪律管理的内涵、分类及原则	对纪律、劳动纪律内涵的理解全面,掌握纪律管理的原则和分类	10	客观测试		
	处理违纪员工	1. 判断违纪的情形及适用制度 2. 明确不同程度的处理方式及注意事项	掌握违纪处理的情形、不同程度的处理方式以及违纪处理程序等工作要点	10			
	员工申诉处理	申诉的种类、范围和程序	掌握申诉的范围和程序以及调查取证的方法和内容	10			
专业技能	纪律管理	表扬和批评的技巧总结	条理清楚、实用可行,每处错误扣1分	10			
	处理违纪员工	整理违纪处分档案 拟写公司员工奖惩制度	违纪处分档案完整、齐全、准确,每处错误扣1分 奖惩制度结构完整,内容合法合理,每处错误扣1分	15			
	员工申诉处理	受理员工申诉	员工申诉处理流程规范、专业性强;申诉处理报告结构清晰、逻辑严谨,每处错误扣1分	15			
职业素养	组织纪律	服从性	服从组长安排,不旷工,不迟到早退,不中途离开现场,不做与项目无关的事情	2			
	团队合作	协作性	各成员分工合理,合作有序	2			
	工作态度	积极性	工作积极主动,认真负责,恪守诚信,追求严谨	2			
	沟通交流	有效性	保持积极有效的沟通,信息传递及时准确	2			
	工作效率	按时性	保持良好的工作环境,桌面整洁干净,有效利用各种工具,按时完成任务,错误率控制在10%以下	2			

（续表）

评价项目		评价内容	评价要点	分值	评价手段及得分		
					小组	教师	得分
思政评价	课前准备	笔记、资料收集、项目准备情况检查	齐全度、完整度、精准度检查，提升学生参与的积极性	5	教师主观评价（采取面谈法了解学生思想情况，关注学生的态度与情感等内在指标）×70%+客观评价×30%		
	课中参与	观察记录学生参与情况	讨论、分组发言、提问，以及其他互动环节的频度与质量的评价	5			
	课后作业	课后项目作业完成情况	特别检查学生所写文字的情感色彩与态度	5			
	课外活动	记录学生参与课外活动的积极性及表现	包括第二课堂、大赛、课后打扫教室卫生等活动	5			
总计				100			

项目八

员工关怀服务

学习目标

❶ 知识目标

1. 理解员工关怀的作用和重要性
2. 掌握员工关怀的类型和项目
3. 掌握员工帮助计划的特征及内容
4. 了解员工满意度调查的目的和意义
5. 掌握员工满意度调查的内容及步骤

❷ 能力目标

1. 能够根据不同类型员工的需求,设计和落实员工关怀项目
2. 能够根据公司政策文化和员工需求,策划组织团建活动
3. 能够组织开展员工满意度调查,制定行动计划并跟踪反馈
4. 能够准确应答员工关于人力资源管理制度、流程、标准等方面问题的咨询

❸ 素质目标

1. 通过耐心倾听和理解员工需求,提升学生的同理心和包容性
2. 通过精心设计员工关怀项目,帮助学生养成尊重和关怀员工的意识
3. 通过团建活动的策划和组织,培养学生团队合作精神和创新意识
4. 通过员工满意度调查及反馈改进,强化学生的敬业精神和责任意识,养成在工作中积极发现问题、分析问题和解决问题的习惯

【学习情境】

为建立积极正向的员工关系,华兴公司人力资源部推出一系列员工关怀服务项目,详见表8-1。

表8-1 华兴公司员工关怀服务项目

序号	类别	项目	目的
1	文化融合	员工手册	了解公司文化、制度流程
2		企业内刊	了解各项目情况,增进认同感和信心
3		个别访谈	近距离沟通,提升团队向心力
4		结对子(新员工)	帮助新员工尽快熟悉工作和融入
5	身心健康	年度健康体检	保障员工身体健康
6		员工帮助计划(EAP)	帮助员工及家属解决心理和行为问题
7	职场关怀	入职(周年)纪念品	增进文化认同和归属感,提高忠诚度
8		晋升海报	传递晋升喜讯,树立榜样力量
9		绩效辅导	协助员工解决问题,提高工作绩效
10		职业路径设计	助力员工职业发展,为公司储备人才
11	家人关怀	子女关怀	增加亲子间默契度,提升公司影响力
12		父母/配偶关怀	感谢家人的支持,增强员工的归属感
13		家庭日主题活动	分享公司文化,促进沟通与融合
14	节日关怀	中国传统节日	弘扬中华优秀传统文化
15		特定岗位节日	增强职业荣誉感和成就感

⚓ 工作任务

根据公司的员工关怀服务项目一览表,员工关系专员需综合考虑项目特点、要求、交付形式、人员分布等因素,设计员工关怀服务落地实施的流程、操作规范、服务标准等。请按照背景信息和情境完成下列任务。

任务1　新员工关怀

8-1：任务单

(1)角色扮演:4～5人为一组,1人是员工关系专员,1人是专员助理,其余2～3人是新入职员工,包括初入职场的应届毕业生和更换工作的社会人员。

(2)采取个别访谈的方式,员工关系专员与新员工进行一对一沟通,专员助理做好访谈记录。注意访谈的目的和内容,事先准备好访谈提纲。

任务2　司　龄　祝　贺

8-2：任务单

(1)角色扮演:4～5人为一组,1人是员工关系专员,1人是专员助理,其余2～3人是当日司龄分别满1年、3年、6年的员工。

(2)员工关系专员及助理负责制作司龄海报,给当日司龄满 × 周年的员工发送祝贺邮件,设计入职(周年)纪念品。

(3)当日司龄员工领取入职(周年)纪念品并发表感言,拍照留念。

任务3　组织团建活动

8-3：任务单

(1)4～5人成立团建活动筹备小组,其中,1人是员工关系主管作为总负责人,1人是员工关系专员,负责活动执行,2～3人为筹备小组成员。

(2)讨论并确定活动的目的和预期效果、活动的主题、具体活动内容、时间、地点、参加人员等。

(3)为确保活动的落地和执行,编制活动流程表、活动分工明细表,要求每个工作环节都有具体负责人;列出活动所需的物料清单,编制费用预算表。

(4)提交一份活动策划方案。

任务4　员工关怀满意度调查

8-4：任务单

为深入了解员工对公司员工关怀工作的满意程度，人力资源部拟组织一次员工满意度调查。

（1）设计一份员工关怀满意度调查问卷，涵盖员工对公司福利、工作环境、职业发展机会等方面的满意度。

（2）实施调查，运用恰当的统计方法对问卷数据进行整理和分析。

（3）撰写员工关怀满意度调查报告。

任务5　员工咨询应答

8-5：任务单

公司组织了一场主题文化活动，在文化竞答环节，第一名可以获得公司文创毛绒玩具。一位因出差未能参加活动的业务骨干，电话咨询员工关系专员能否送她一个毛绒玩具，她认为那个造型非常好，打算送给客户，传递公司文化，进一步增进双方关系和合作深度。

（1）假如你是员工关系专员，你将如何处理这个问题？

（2）角色扮演：其中1人是员工关系专员，1人是致电咨询的业务骨干。员工关系专员注意沟通技巧和处理方式。

任务单8-1　新员工关怀　　　　　学时：1

班　　级		小　　组			
组　　员					
准备工作	1. 课前认真阅读学习情境及相关资料 2. 准备电脑、教材和笔,做好常规准备工作				
任务描述	1. 角色扮演：4～5人为一组,1人是员工关系专员,1人是专员助理,其余2～3人是新入职员工,包括初入职场的应届毕业生和更换工作的社会人员 2. 采取个别访谈的方式,员工关系专员与新员工进行一对一沟通,专员助理做好访谈记录。注意访谈的目的和内容,事先准备好访谈提纲				
任务要求	1. 根据任务描述和访谈要点,拟写一份新员工访谈提纲 2. 小组成员角色归位,员工关系专员与新员工进行一对一沟通,能够清晰表达公司情况和期望、有效倾听和回应员工的提问,助理做好记录 3. 将新员工反馈的内容进行汇总				
成果展示	1. 新员工访谈提纲 2. 访谈记录 3. 新员工反馈汇总表				

小组活动记录表

时　　间		地　　点	
主　　题			
主要内容			

主持人：　　　　　　　　记录员：　　　　　　　　汇报人：

任务单8-2 司龄祝贺		学时：1

班　级		小　组			
组　员					
准备工作	1. 课前认真阅读学习情境及相关资料 2. 准备电脑、教材和笔，做好常规准备工作				
任务描述	1. 角色扮演：4～5人为一组，1人是员工关系专员，1人是专员助理，其余2～3人是当日司龄分别满1年、3年、6年的员工 2. 员工关系专员及助理负责制作司龄海报，给当日司龄满×周年的员工发送祝贺邮件，设计入职(周年)纪念品 3. 当日司龄员工领取入职(周年)纪念品并发表感言，拍照留念				
任务要求	1. 员工关系专员和助理设计司龄海报和祝福内容 2. 小组成员角色归位，员工关系专员通知当日司龄满×周年的员工领取纪念品 3. 当日司龄满×周年的员工发表感言，分享在公司的经历、成长和对未来的期望				
成果展示	1. 司龄海报/祝贺邮件模板 2. 员工感言				

个人任务单

主　题	司龄祝贺
祝福内容	
个人感言	

班级：	学号：	姓名：

任务单 8-3	组织团建活动	学时：2

班　级		小　组			
组　员					
准备工作	1. 课前认真阅读学习情境及相关资料 2. 准备电脑、教材和笔，做好常规准备工作				
任务描述	1. 4～5人成立团建活动筹备小组，其中，1人是员工关系主管，作为总负责人，1人是员工关系专员，负责活动执行，2～3人为筹备小组成员 2. 讨论并确定活动的目的和预期效果、活动的主题、具体活动内容、时间、地点、参加人员等 3. 为确保活动的落地和执行，编制活动流程表、活动分工明细表，要求每项工作环节都有具体负责人；列出活动所需的物料清单，编制费用预算表 4. 提交一份活动策划方案				
任务要求	1. 成立团建活动筹备小组，明确角色与职责 2. 清晰说明活动目的和预期成果，设计的活动主题和内容有创意，体现公司文化和发展目标 3. 编制活动流程表、活动分工明细表和费用预算表，确保活动组织和执行顺畅				
成果展示	1. 活动流程表 2. 活动分工明细表 3. 费用预算表 4. 活动策划方案				

小组活动记录表

时　间		地　点	
主　题			
主要内容			

主持人：　　　　　　　　　记录员：　　　　　　　　　汇报人：

任务单8-4　　员工关怀满意度调查			学时：2
班　　级		小　　组	
组　　员			
准备工作	1. 课前认真阅读学习情境及相关资料 2. 准备电脑、教材和笔,做好常规准备工作		
任务描述	为深入了解员工对公司员工关怀工作的满意程度,人力资源部拟组织一次员工满意度调查。请设计一份员工关怀满意度调查问卷,并实施调查,对问卷数据进行整理和分析,撰写员工关怀满意度调查报告		
任务要求	1. 设计一份员工关怀满意度调查问卷,涵盖员工对公司福利、工作环境、职业发展机会等方面的满意度 2. 实施调查并对回收问卷数据进行分析,数据分析方法恰当准确 3. 撰写一份员工关怀满意度调查报告,要求结构合理、逻辑严谨,结论建议有针对性		
成果展示	1. 员工关怀满意度调查问卷 2. 问卷数据及分析图表 3. 员工关怀满意度调查报告		

小组活动记录表			
时　　间		地　　点	
主　　题			
主要内容			
主持人：		记录员：	汇报人：

任务单8-5 员工咨询应答		学时：2

班　级		小　组			
组　员					
准备工作	1. 课前认真阅读学习情境及相关资料 2. 准备电脑、教材和笔，做好常规准备工作				
任务描述	公司组织了一场主题文化活动，在文化竞答环节，第一名可以获得公司文创毛绒玩具。一位因出差未能参加活动的业务骨干，电话咨询员工关系专员能否送她一个毛绒玩具，她认为那个造型非常好，打算送给客户，传递公司文化，进一步增进双方关系和合作深度。 1. 作为员工关系专员，你将如何处理这个问题？ 2. 角色扮演：其中1人是员工关系专员，1人是致电咨询的业务骨干				
任务要求	1. 员工关系专员面对特殊情况，既要考虑公司政策和公平性，又要考虑业务骨干员工的需求，认真思考如何处理 2. 员工关系专员与业务骨干沟通时，注意沟通技巧和处理方式 3. 员工关系专员撰写沟通报告，包括沟通目的、过程、解决方案和后续行动计划				
成果展示	1. 员工咨询应答记录 2. 沟通报告				

个人任务单

主　题	员工咨询应答
沟通技巧	
处理方式	

班级：　　　　　　　　学号：　　　　　　　　姓名：

📖 **专业知识应用**

知识1 员 工 关 怀

企业人力资源部通常会搭建一套员工沟通与关怀服务体系,让员工感受到企业以人为本的服务理念,有利于提高员工满意度、忠诚度和敬业度,进而提升公司的竞争力。

一、对新员工的关怀

新员工可能是应届毕业生,也可能是从其他公司跳槽来的社会人员或来自并购企业的员工。从校园到职场的转变或不同公司文化的适应是新员工面临的主要问题。因此,对新员工的关怀主要包括两个方面。

1. 角色转变

新入职的应届毕业生面临从学生到员工的角色转变。企业可以派工作经验丰富、工作业绩突出、与大学生有共同语言、司龄不是很长的优秀员工作为其导师,帮助新员工完成角色转变,尽快适应职场。

2. 文化融合

新入职的社会人员面临不同公司文化的切换。企业可以派司龄较长、熟悉企业文化、对企业贡献大的员工作为其导师,帮助新员工完成文化融合,尽快认同企业的核心价值观和文化理念,适应企业的管理风格。

二、对核心人才的关怀

核心人才是指对企业发展有重要影响且在某方面不可替代的员工。留住核心人才是企业发展的关键。因此,对核心人才的关怀主要包括两个方面。

1. 培养成就感

首先,为核心人才提供持续的职业培训和发展规划。将核心人才的培养纳入企业教育培训计划,重点培训,优先培养。设立职业发展基金,支持员工参加有利于提升职业技能的外部培训和认证。直接领导每月与员工沟通,肯定其业绩,同时询问工作上需要什么帮助,生活方面有何困难,让员工感到被关怀与支持。其次,制定工作激励制度,为员工提供内部晋升的机会,帮助其做好符合企业发展目标的职业生涯规划。

2. 提高忠诚度

将员工在企业的优秀表现、获得奖励等信息及时传递反馈给家人,对家人的支持表示感谢,进一步加强家人的荣誉感和支持度。设立健康和福利委员会,为核心员工的身心健康提供有效支持。比如定期组织健康体检和健康促进活动,提供全面的健康保险计划,提供心理咨询和压力管理服务等。

三、对普通员工的关怀

普通员工是指入职满一年、分散在各个部门各个岗位、绩效一般的员工。企业应通过关怀活动帮助普通员工提高专业水平和工作积极性,增强组织凝聚力和归属感。因此,对普通员工的关怀主要包括两个方面。

1. 提升工作绩效

对于知识和技能不足的员工,企业可以通过培训辅导或小组互助、组织竞赛等方式激发员工学习热情,主动提高专业技能。绩效考核结果出来后,直接领导应及时对员工进行绩效反馈和工作辅导,使员工感受到组织对其成长的关注,进而激发其在普通岗位上主动提升工作绩效,不拖公司的后腿。

2. 增强组织凝聚力

当员工情绪不稳、生病住院或家庭有大事时,企业应组织专人访问,主动关心和帮助员工解决困难,让员工有家的感觉。当员工有心里话时,可以通过相应的渠道表达个人感受、交流工作心得,让员工有主人翁的感觉,进一步增强组织凝聚力和归属感。

知识2 员工帮助计划

员工帮助计划（Employee Assistance Program, EAP）是由企业为员工设置的一套系统的、长期的福利与支持项目，员工在工作生活中遇到的问题都可以向其寻求帮助。

美国员工援助专业协会认为，员工帮助计划是一项为工作场所中的个人和组织提供咨询服务的专项方案，旨在帮助识别和解决员工所关心的问题。这些问题会影响到员工的工作表现，也会影响到整个组织业绩目标的实现。

一、员工帮助计划的特征

（1）员工帮助计划是由企业设计和推动的一项正式的、系统的福利项目，旨在帮助员工解决工作和生活中遇到的问题，改善组织的氛围和工作环境，最终达到提升员工工作绩效和组织绩效的目的。

（2）员工帮助计划一般需要通过内部或外部专业人员的干预和介入。例如，由专业人员提供专业的咨询、培训、治疗等相关服务来帮助员工解决问题，带有一定的组织干预的性质。

（3）员工帮助计划的服务对象不仅是企业员工，还包括员工家属。企业（工作）和家庭（生活）并不是两个完全隔离的领域，企业帮助员工及其家属解决了家庭生活中的问题，才能让员工安心工作。

二、员工帮助计划的内容

员工帮助计划主要涉及员工的生活和工作两个方面。

（1）生活方面：身心健康、人际关系、家庭关系、经济问题、情感困扰、法律问题、焦虑、酗酒、药物成瘾等。

（2）工作方面：工作要求难以达成时的指导与支持、工作中的公平感、工作中的人际关系处理、工作压力纾解、职业发展瓶颈突破、家庭与工作平衡等。

8-6：视频
员工帮助计划的内容

当前，员工帮助计划已发展成一种综合性的服务，其内容包括压力管理、职业心理健康、裁员心理危机、灾难性事件、职业生涯发展、法律纠纷、理财问题、健康生活方式、饮食习惯等员工可能遇到的各方面问题。

三、员工帮助计划的分类

（一）按员工帮助计划实施时间长短可分为长期EAP和短期EAP两类

（1）长期EAP：实施数月或更长时间，有机会地持续，一般是3个月以上的。

（2）短期EAP：应急性的，帮组织顺利度过一些特殊阶段，一般是三个月以下的。

（二）按服务提供者可分为内部EAP和外部EAP两类

（1）内部EAP：企业内部配置专门机构或人员提供的员工帮助计划。企业内部人员更贴近和了解企业及员工情况，节省成本，但由于员工心理敏感和保密需求，信任程度不高。

（2）外部EAP：由企业外面的专业的服务机构提供的员工帮助计划。通常情况下，专业的EAP服务机构经验丰富，有广泛的服务网络，相对而言员工对外部EAP的信任程度较高。经过专业训练的外部服务机构和人员必须恪守职业道德，不得向任何人泄露服务对象的资料，即使是向组织提供意见建议时，也不得泄露员工个人隐私。当然有重大情况（如危及他人生命财产安全）时，应及时与有关方面沟通。

知识 3 员工满意度调查

员工满意度是指员工对其在组织中所扮演的角色的感受或情感体验,是员工对其工作或工作经历评估的一种态度的反映,它与工作卷入程度、组织承诺和工作动机等有密切关系。

员工满意度调查是指运用专业方法,向员工收集意见并与员工就有关观点、想法、评价等进行交流,适时了解员工工作状态和企业管理上的成绩和不足,以改善企业管理、提高员工满意度和工作绩效的一种活动。

一、员工满意度调查的目的

(一)诊断潜在问题

员工满意度调查是员工对企业各种管理问题是否满意的晴雨表。进行员工满意度调查可以对企业管理进行全面审核,及时发现企业潜在的管理危机和问题,保证企业工作效率和最佳经济效益,减少和纠正生产率低、损耗率高、人员流动率高等问题。比如,通过调查发现员工对薪酬福利满意度有下降趋势,就应及时检查薪酬和福利政策,找出不满意的原因并采取措施予以纠正。

(二)找出现存问题的症结

员工满意度调查有助于解释出现高缺勤率、高离职率等现象的原因,找出问题的症结。研究表明,满意度与缺勤率之间存在负相关关系,即员工满意度越低,缺勤率越高;满意度与流动率之间也存在负相关关系,且相关程度更高,因而提高员工满意度在一定程度上可以降低缺勤率,更能够降低流动率。相对而言,员工不满意在先,缺勤、离职在后,如果能够及时发现员工的不满,并采取有效措施,可以预防人才流失,维护稳定和谐的员工关系。

(三)评估组织变化和企业政策对员工的影响

员工满意度调查通过量化员工对工作环境、企业文化、管理方式以及政策变化的感受和反应,能够有效地评价组织政策和规划中的各种变化,通过变化前后的对比,管理者可以了解管理决策和变化对员工满意度的影响。如果满意度高,说明员工对变化持积极态度,对新政策或变化的接受度和认可度高;如果满意度低,则可能需要进行调整或提供更多的沟通和支持。

（四）促进与员工间的沟通和交流

员工满意度调查是一种有效的群体沟通方式，是管理者与员工之间重要的信息沟通和反馈渠道。通过满意度调查，员工能够畅所欲言，反映平时管理者听不到的声音，管理者也可以收集到员工对企业经营管理改善的要求和意见，满足员工的主要需求，加强激励的有效性。

（五）培养员工对企业的认同感和归属感

员工满意度不仅关乎员工个人的工作体验，更是营造团结高效工作环境和增强组织凝聚力的重要工具。管理者认真对待员工满意度调查，会使员工感受到企业的关怀和重视，有利于员工在民主管理的基础上树立以企业为中心的群体意识，不断增强员工对企业的向心力、凝聚力。当员工感到满意时，更愿意参与企业组织的各项活动，包括团队建设、培训和发展机会。员工感到自己的付出和贡献被认可和重视，看到了自己在企业中的未来和潜力，自然会加倍努力工作，成为企业的积极代言人。

二、员工满意度调查的内容

（一）对工作本身的满意度

企业要给员工安排富有意义、具有吸引力和富有挑战性的工作，使员工在实现企业目标的同时实现个人目标。具体包括：①工作适合度。指目前从事工作是否适合员工的兴趣、爱好和特长。②责任匹配程度。在企业中员工承担的责任应与其享有的权利相匹配。有职无权，难以很好地履行职责；有权无职，必造成权力的架空和人力资源的浪费。③自我指挥和控制程度。行为科学理论认为人对于自己参与的工作目标具有实行自我指挥和控制的能力，外部控制、操纵、说服、奖罚等不是提高效率的唯一方法，有时甚至会起反作用。④工作的挑战性。长期重复性的简单工作容易消磨人的上进心和求知欲，而适度挑战会激发员工努力地工作。⑤工作的发展空间。员工看到从事该工作有明确的晋升路径和发展空间，就会为实现目标而情绪饱满地工作。

（二）对工作回报的满意程度

企业为员工提供满意的工作回报能极大地激发员工的积极性和主动性。具体包括：①薪金分配的公平性程度。包括分配制度对于公平和效率原则的体现、收入构成、薪金所得与其付出的匹配等。②事业成就感。有事业成就感的人，往往具有高度的责任心，喜欢挑战性的工作并且不怕疲劳。③工作认可度。期望认可是员工共同的心理特征，适时、适度的认可、称赞和表扬是激发员工积极性的重要方式。④职务晋升的公平程度。赋予能力强、效率高的员工以公平的晋升机会,有利于激发员工的上进心,从而创造性地工作。

(三)对工作条件的满意度

根据行为科学理论,工作条件属于保健因素,改善工作条件虽不能激励员工提高效率,但能够促使员工消除部分不满情绪,维持原有工作效率。员工对工作条件的满意度包括:①工作场所布置满意度。包括企业总体平面布置、办公室布置、车间布置等。②工作场所环境质量满意度。包括工作场所的空气质量、墙面色彩、光线等;③工作手段的满意度。为员工提供令其工作更便捷的设备和技术,是保证员工工作效率的基础,具体包括工作所需要的材料和设备的齐全度、完好度及其精度等。

(四)对企业人际关系的满意度

和谐的人际关系是员工保持良好心境愉快工作的关键。具体包括:①意见沟通度。及时地相互沟通意见,有利于人与人之间传达思想、交换信息,取得信任、理解、支持和帮助。②非正式组织活动度。能够解决正式组织难以解决的人际关系问题,使得员工之间的距离更为接近,关系更为融洽。③冲突协调度。冲突在企业中是客观存在的,无论是建设性的冲突还是破坏性的冲突都会造成人际关系的紧张。协调各种冲突不仅是管理者的重要任务,也是每位员工的一项职责。

(五)对企业整体的满意度

企业是员工之家,对企业整体的满足程度高低与员工是否愿意继续在企业中高效率创造性的工作密切相关。具体包括:①对企业价值观的满意度。企业价值观是员工对企业与外部环境以及企业内部经营管理、人际关系等根本问题的看法。良好的企业价值观,是促使员工成为自我管理主人的关键。②对企业形象的满意度。良好的企业形象对于提高员工满意度、企业知名度以及企业竞争力至关重要。③对参与民主管理的满意度。一个企业中,由于分工的不同,员工的职位不同,但没有高低贵贱之分,企业管理者应重视让员工参与企业目标的制定和日常的管理工作,促使员工在实现集体目标的同时实现个人目标。④对企业领导素质和能力的满意度。一个具有高素质和卓越才能的领导班子,会促使企业成为具有强凝聚力、团结且高效的集体,企业才会经久不衰。

8-7:视频 D公司员工满意度调查案例分析

技能1　新入职员工沟通

为帮助新入职员工快速融入公司,理解公司文化,明确自己的职责和期望,感受到公司对新员工的关怀和支持,员工关系专员拟与新员工进行一对一沟通。请根据任务要求和访谈要点(见表8-2),拟写一份访谈提纲。

表8-2　新员工访谈要点

序号	访谈环节	目的	内容要点
1	欢迎与介绍	建立亲切感,缓解紧张氛围	欢迎加入 介绍自己及角色
2	个人背景了解	了解新员工的个人情况和职业背景	请新员工分享教育与工作经历 询问之前的工作角色和成绩 了解个人兴趣爱好和特长
3	期望与目标	明确新员工的期望,助其设定目标	询问对新角色的期望和目标 讨论个人职业发展期望
4	公司介绍	了解公司,获得认同	询问对公司使命、愿景和价值观的理解 工作环境和团队的适应情况 公司政策和流程了解途径
5	岗位职责	明确工作职责和发展目标	了解员工对岗位职责的明确程度 完成岗位职责的信心 未来发展期望及主要挑战
6	支持与资源	让新员工知道可以寻求帮助的资源	询问期望提供哪些支持或资源 获得支持和帮助的途径
7	开放式问题与反馈	鼓励新员工提问,收集反馈	询问是否有问题或疑惑 邀请提供入职流程的反馈
8	结束语	总结访谈,提出期望	总结要点 强调公司的期待和支持

技能2　司　龄　祝　贺

一、检索当日迎来入职周年的员工

员工关系专员登录公司人力资源系统（若无，可在Excel中建立员工信息表），检索当日迎来入职周年的员工，提取员工姓名、司龄年限及邮箱地址等信息。

二、生成祝贺内容

不同司龄年限的员工，对公司文化的认同感和情感不同，公司应设计相应的祝贺内容和纪念品。员工关系专员根据员工的司龄年限，在相应的祝贺邮件模板中，填写员工姓名。

8-8：实例
分享

三、张贴海报或发送邮件给员工

将司龄海报张贴在公告栏，或将司龄祝贺邮件发送给员工本人。

四、颁发入职（周年）纪念品

员工关系专员为员工颁发入职（周年）纪念品，员工发表感言，并在领取表上签字确认。

技能3 组织团建活动

一、了解团建的需求

全面了解团建需求是成功组织团建活动的关键。HR可以通过以下方式了解员工的偏好、期望和建议,团队当前的状况和需要解决的问题。①分析以往团队建设活动的反馈和效果,找出成功的因素和需要改进的地方,或者根据近期绩效数据,了解团队的工作表现和存在问题,针对这些问题设计团建活动。②通过问卷调查、个别访谈等方式了解团队成员的兴趣爱好、期望的团建形式以及对团建活动的任何特殊需求。③通过日常的团队互动和工作表现,观察团队成员之间的关系和合作情况,进一步挖掘团队建设需求。

8-9:案例分析:组织团建活动的四步曲

在了解团建需求的基础上,确定本次团建活动的主要目的和预期效果,比如增进团队合作、缓解工作压力或激发员工潜能、提振团队士气等。同时要了解可用于团建活动的预算有多少,这将直接影响活动的规模和内容。

二、沟通团建项目和目的地

根据团队成员的反馈和团建目标,选择适合的团建项目。如团队成员年轻人较多且活跃,可选择户外拓展;如团队成员年龄较大,可选择文化体验类活动;也可以设计主题晚会或有利于提升某方面技能的工作坊。

如果团建活动不在公司举行,HR需要提前考察活动场地,确保场地安全、设施完善,能够满足活动需求。

考察完成后,HR可以向团队成员介绍活动安排,沟通活动细节,包括时间、地点、活动内容等,了解团队成员对活动的具体期望,并及时调整方案。

三、设计团建活动方案

制定详细的活动流程,包括活动开始和结束时间,以及各个环节(签到、开场、活动、用餐、总结等)的负责人和所需物资。根据活动需要,将团队成员合理分组,注意平衡各组的实力,以促进不同成员间的交流与合作。还要制定安全预案,包括医疗急救、紧急疏散等应对突发状况的措施和紧急联系人信息。

一套完整的团建活动方案一般包括活动目的、活动主题、参与人员、时间与地点、活动内容、活动流程、预算计划、人员分工、安全与健康、报名与反馈、附件等。

四、准备需要记录和总结的表格

(1)参与人员名单:记录参与团建活动的所有人员,包括每个人的联系方式和特殊需求。

（2）物料清单：列出所有需要的物资，如食物、饮料、活动道具等，并提前准备。

8-10：部分
表格示例

（3）费用预算表：列出各项费用（如场地费、交通费、餐饮住宿费、活动费、物料费等）、支付方式及负责人等。

（4）时间安排表：详细记录每个活动环节的时间安排，确保活动能够顺利进行。

（5）分工明细表：详细记录每个工作环节的具体内容、负责人、协助人和完成时间节点。

（6）反馈收集表：设计反馈表格，用于活动结束后收集团队成员的意见和建议。

（7）总结报告：活动结束后，编写总结报告，包括活动的亮点、存在的问题以及改进建议。

技能4　员工满意度调查

一、取得管理层支持

取得管理层支持的最大障碍是管理层对满意度调查中可能出现的一些情况深感担忧,所以,要想获得管理层的支持,就要通过预防性管理尽量杜绝出现管理层担心的问题,详见表8-3。

表8-3　管理层担心的问题及预防性措施

序号	管理层最担心的问题	预防性措施
1	员工期望太高,很难满足	事先有效沟通
2	员工填写是否诚实、是否敷衍了事	声明是匿名的
3	出现你没想到的结果	恭喜
4	经理给员工加压,以期得到好的分数	培训

二、制定调查方案

员工满意度调查方案包括调查目的(Why)、调查对象(Who)、调查内容(What)、调查时间(When)、调查地点(What)、调查方式方法(how)。首先要明确调查目的,了解企业现存的问题,或是在已经发现某种问题的基础上寻找原因和对策。有的是综合性调查,有的则是为了某个专门目的而进行的调查,如薪酬满意度调查、员工福利满意度调查等。合理确定调查对象范围,有利于提高调查效率,可以是全体员工,也可以是某个或某几个部门的特定员工。调查内容通过具体的调查项目予以展现,应紧紧围绕调查目的来确定。调查时间注意避开员工和经理最不愿意配合的时间,如年底人员赶业绩或业务旺季、快要评奖金、升迁的时候,员工容易受到满意度调查一定会跟奖金或升迁挂钩的暗示。

常用的员工满意度调查方法主要有:①工作描述指数法,打分标准分为较差、差、一般、好、较好5个等级。通过填表人的打分,可以统计出员工对工作环境、工作回报、工作群体等方面的满意程度。例如盖洛普咨询公司含12个问题的测量问卷(Q12)。②明尼苏达工作满意度调查表,该表含有20个大项,每个大项下有5个小项,共计100个细项调查内容。20个大项是个人能力的发挥、成就感、能动性、公司培训和自我发展、权力、公司政策及实施、报酬、部门和同事的团队精神、创造力、独立性、道德标准、公司对员工的奖惩、本人责任、员工工作安全、员工所享受的社会服务、员工社会地位、员工关系管理和沟通交流、公司技术发展、公司的多样化发展、公司工作条件和环境。明尼苏达工作满意度调查表也有简单形式,即可以直接填写以上20个大项每项的满意等级,总体满意度通过20项的得分总和而获得。③彼得需求满意度调查表,适用于管理人员的开放式调查。问题集中在具体的管理工作,每个问题都包括三句话,比如"你在当前的管理位置上个人成长和发展的机会如何? 理想的状况应如何? 现在的实际状况如何?"

三、HR及管理人员同时与员工沟通

制定完调查方案以后HR及管理人员和员工进行沟通,比如管理者动员、公司内部网站设置提醒、专门培训等。这一步充分考虑了员工的心情,有利于后续步骤的顺利进行。

四、调查实施及结果分析

调查实施过程中要注意质量控制,确保回收率和有效率。调查结果分析一般包括整体满意度分析、各维度满意度分析、相关矩阵分析、假设检验、不同类别员工满意度交叉分析等。比如新员工尚处于蜜月期,满意度评价普遍高于老员工。

分析员工满意度低的原因时,要综合各方面反馈的信息进行思考。比如,当员工抱怨缺乏领导支持时,其原因可能是多方面的,领导在指导下属方面意愿不足或能力不够,该员工没有表达出希望得到支持的信号,部门工作分配不当或任务难度超出个人承受范围等。

五、HR与管理人员分享调查结果

调查分析报告完成后,HR首先应该与总经理单独沟通,然后召开部门经理会议,最好由总经理或者人力资源部经理公布满意度调查结果。

分享结果时要指出关键问题,包括:谁有这个问题? 哪个部门有这个问题? 这个问题是什么时候出现的? 这个问题对公司的影响是什么? 最后还要问:为什么出现? 怎样去解决?

六、HR及管理人员与员工沟通调查结果

满意度调查结果一般应在两三周之内向员工反馈,主要包括:①企业的长处和短处,其实员工更想知道的是短处;②管理层针对此调查要采取的行动,一定要沟通的是管理层已经讨论过此事,并且针对此调查要采取的行动,可能马上出不来行动,但是行动的计划一定要告知员工。

与员工沟通调查结果的方式可以是举行员工大会,也可以是邮件、网络、内部杂志、海报等,或者由部门经理在部门例会上传达。

员工满意度调查以及沟通结果的目的是解决问题,而不是找出谁要对不好的结果负责,虽然在上一步跟经理的沟通中一定要找出谁对事情负责,但跟员工沟通时则不然。

七、管理人员和员工共同制定行动计划

1. 认识行动的重要性

满意度调查本身是不会改变组织的,只有利用调查的结果来计划和行动时,组织变革才会发生。如果不采取任何行动,数字只是数字,前面的工作等于白做。

2. 行动计划的关键信息

行动计划必须是白纸黑字,包括以下关键信息:问题报告、目标、建议的行动、时间限制和跟踪的程序。出现了什么问题?改进问题的目标是什么?针对这个目标我要采取的行动是什么?预计什么时候完成这个改进?由谁来考察这个行动计划是否完成?

3. 特殊问题的处理

对于一些很敏感的话题,比如涉及管理风格、领导力和公司政策的话题,管理层需做出倾听的姿态并且真正地倾听员工的心声。

利用头脑风暴法,请员工说出改进的措施。既可以激励员工,也能帮公司的管理层省事,实质就是让员工想办法,共同制定行动计划。

八、跟踪反馈效果

人力资源部和管理层对行动计划进行跟踪是获得调查效果的保证。

1. 告诫员工要有耐心

组织方面的变化不会在昼夜间发生,是需要时间的。哪怕满意度的分数做出来非常低,公司马上开始变革,效果也不是一时半会儿就能出现的。这就需要事先跟员工沟通,让员工耐心等待。

2. 定期沟通与反馈

HR和部门经理需要经常地固定时间与员工沟通公司在政策、流程等方面的变化,也可通过月度例会、年会、内部刊物等方式及时沟通,否则员工会认为满意度调查后什么事情都没有发生。

展示评价

1. 按照任务单要求，进行成果展示
2. 扫码下载学习评价表，完成组内成员互评、小组评价并提交

8-11：学习
评价表

项目八　学习评价表

评价项目		评价内容	评价要点	分值	评价手段及得分		
					小组	教师	得分
专业知识	员工关怀	员工关怀的意义、类型和项目	了解员工关怀的意义，掌握员工关怀的类型和项目	10	客观测试		
	员工帮助计划	员工帮助计划的定义、特征、内容及分类	理解员工帮助计划的定义和特征，明确员工帮助计划的内容和分类	10			
	员工满意度调查	员工满意度调查的目的、内容	掌握员工满意度调查的目的和内容	10			
专业技能	新员工入职沟通	访谈提纲、访谈过程及记录	访谈提纲结构合理，内容具体，体现新员工访谈要点和目的；沟通清晰有效，记录真实完整，每处错误扣1分	8			
	司龄祝贺	司龄海报设计、司龄祝贺活动组织	司龄海报设计符合公司文化，有创意；活动组织效果好，每处错误扣1分	8			
	组织团建活动	活动的目的、活动主题和内容设计、活动流程设计和执行方案	活动目的明确，活动的主题和内容体现公司文化和发展目标，有创意，流程设计和执行方案具体顺畅，每处错误扣1分	10			
	员工关怀满意度调查	调查问卷设计、调查结果分析及调查报告	员工关怀满意度调查问卷题目有逻辑性，量表使用准确；数据分析和结果解读合理；调查报告结构清晰、逻辑严谨、结论建议有针对性。每处错误扣1分	8			
	员工咨询应答	沟通过程和技巧、问题解决方案	沟通表达清晰，问题解决方案合理可行，每处错误扣1分	6			

（续表）

评价项目		评价内容	评价要点	分值	评价手段及得分		
					小组	教师	得分
职业素养	组织纪律	服从性	服从组长安排,不旷工,不迟到早退,不中途离开现场,不做与项目无关的事情	2			
	团队合作	协作性	各成员分工合理,合作有序	2			
	工作态度	积极性	工作积极主动,认真负责,恪守诚信,追求严谨	2			
	沟通交流	有效性	保持积极有效的沟通,信息传递及时准确	2			
	工作效率	按时性	保持良好的工作环境,桌面整洁干净,有效利用各种工具,按时完成任务,错误率控制在10%以下	2			
思政评价	课前准备	笔记、资料收集、项目准备情况检查	齐全度、完整度、精准度检查,提升学生参与的积极性	5	教师主观评价(采取面谈法了解学生思想情况,关注学生的态度与情感等内在指标)×70%+客观评价×30%		
	课中参与	观察记录学生参与情况	讨论、分组发言、提问,以及其他互动环节的频度与质量的评价	5			
	课后作业	课后项目作业完成情况	特别检查学生所写文字的情感色彩与态度	5			
	课外活动	记录学生参与课外活动的积极性及表现	包括第二课堂、大赛、课后打扫教室卫生等活动	5			
总计				100			

员工冲突管理

学习目标

❶ 知识目标

1. 理解员工投诉的含义及类型

2. 掌握员工投诉处理的原则和技巧

3. 了解冲突的类型及表现形式

4. 理解冲突的根源及处理手段

5. 熟悉劳动争议的范围、劳动争议处理的方式及程序

❷ 能力目标

1. 能够正确应对员工投诉,及时跟进和沟通关于投诉的具体情况

2. 能够分析冲突的原因,运用合适的手段预防和处理冲突

3. 能够根据劳动争议处理的法律程序,协助准备相关材料,站在用人单位的角度提供劳动争议仲裁支持

❸ 素质目标

1. 通过倾听和员工诉求的反复确认,增强有效沟通和共情理解的意识

2. 通过处理劳动争议,培养协调解决、客观公正的工作原则

3. 通过分工合作和任务沟通,有效化解分歧,培养团队协作精神

4. 通过理解和处理冲突,增强包容性、适应性和灵活性,提升情绪管理水平

【学习情境】

市场部主管吴峰对公司产品市场的理解、趋势走向、推广手段等非常有见地，而且擅长撰写市场方案。入职2个月，市场部廖经理认为吴峰是公司最有才华的员工，并向人力资源部提出允许吴峰提前转正的申请，很快得到了公司的批准。

一周后，人力资源部收到一封匿名邮件，写道："我尊重吴峰的付出与才华，但不能忍受他的傲慢与专横！" HR认为是个别员工嫉妒，所以回信要求投诉员工举出实例，以便人力资源部有理有据地去做好沟通工作，但投诉员工并没有做出答复。

不到一个月，HR收到市场部员工的实名投诉："吴峰太过目中无人，让身边的同事极其受伤！吴峰向客户服务部的同事抱怨，与他配合做策划方案的一位同事做事拖拉，根本就不懂做方案，只会对他已经做好的方案做一些文字上的修修改改。这些话让这位同事感到非常屈辱。" HR回复说人力资源部会与吴峰沟通，同时鼓励投诉员工要看到吴峰好的一面，不要太过计较个人性格。

还没等HR找吴峰，吴峰先向HR抱怨了：同事有意避开他，部门经理也没像以前那样支持他的工作了。

HR与廖经理做了一次面对面沟通。廖经理对吴峰的评价是：抓着经理的错误不放，还经常越权指挥下属工作，开会时顶撞部门经理。现在大家必须顺着他的意思，一句话不对，说出来的话就非常伤人。

HR找吴峰谈话，转述了同事与上司的意见和几个例子，委婉地提醒吴峰：是否需要修正一下自己在平时的处事中的傲慢？吴峰非常气愤地说："这是同事包括上司对他的一种妒忌表现，他本人并没有任何傲慢与专横的想法或初衷，如果有什么错，只是与其他部门的同事之间话太多，我说的全部都是事实。"

吴峰不理HR的劝说，马上写了一封语气坚决的辞职信。尽管事后吴峰也承认自己的辞职决定过于草率与急躁，但以泼水难收为由，谢绝了公司的挽留。然而，让人意外的是，市场部的员工在吴峰离职后，士气不但没有提高，反而极度低落。

摘选自：钟孟光《傲慢员工成火药桶》，新浪财经网。

⚙ 工作任务

　　HR应如何正确应对员工的投诉,有效跟进问题的解决和改善? 员工与员工之间、员工与企业之间为什么会产生冲突? 如何发现冲突的原因并有效化解? 当发生劳动争议仲裁时,HR需做哪些准备和协调工作? 请按照背景信息和情境完成下列任务。

任务1　处理员工投诉

9-1: 任务单

　　(1)角色扮演:4~5人为一组,1人是HR或员工关系专员,1人是市场部主管吴峰,1人是市场部廖经理,其余1~2人是市场部员工。请根据案例背景信息进行情境模拟演练。

　　(2)假如你是HR或员工关系专员,你将如何处理员工的投诉? 投诉处理的步骤和技巧有哪些?

任务2　化解员工冲突

9-2: 任务单

　　随着公司规模的扩大和迅速发展,公司内部已隐藏了一些冲突。若长期存在不予化解,必然会阻碍公司发展。请你思考以下冲突分别应如何处理。

　　(1)公司总部的企业文化与当地本土文化氛围存在差异,新生代员工不太适应,离职较多。

　　(2)销售部抱怨研发中心人浮于事,开发的产品偏离客户需求,导致公司销售业绩下滑。

　　(3)公司内部信息传递机制不健全,信息谬传容易造成负面影响。

　　(4)员工对自己在公司的发展定位不明,部分员工产生职业倦怠,工作表现下降。

　　(5)项目组两名员工因项目奖金分配而发生争执。

　　(6)市场部内部员工之间发生冲突。

任务3　劳动仲裁支持

9-3: 任务单

　　公司有严格的考勤休假制度,但产品部员工秦某经常迟到,并且多次让同事代打卡。10月小长假后的两个工作日,秦某未到岗上班,但电子考勤记录和部门手工签到表上均记载为出勤。公司认为秦某想方设法制造出勤记录，这种欺骗行为、不诚信的表现，严重违反了公司规章制度，于是书面通知秦某解除劳动合同，并报工会得到准许。秦某认为公司与其解除劳动合同是违法的，遂提起劳动仲裁申请，要求公司恢复与她的劳动关系并支付相应工资。

员工关系专员收到了仲裁委发来的案件通知，请思考并回答以下问题：

（1）员工关系专员应将该案件通知告知哪些部门和人员，需要做哪些工作？

（2）员工关系专员在协助法务处理该劳动争议案件中应该准备哪些材料？

（3）通过本起劳动争议案件，你还得到哪些启发？

任务单9-1 处理员工投诉 学时:2

班 级		小 组			
组 员					
准备工作	1. 课前认真阅读学习情境及相关资料 2. 准备电脑、教材和笔,做好常规准备工作				
任务描述	根据学习情境案例,小组成员角色归位,模拟处理市场部门员工的投诉。通过有效的沟通和问题解决技巧,达到处理投诉的目的				
任务要求	1. 角色扮演:各成员角色归位,HR或员工关系专员处理员工投诉,协调各方,确保问题得到解决;市场部经理作为直接上级参与处理员工投诉,提供情况说明和解决方案 2. 运用有效的沟通和问题解决技巧,包括倾听员工诉求、同理心、清晰表达等 3. 填写员工投诉处理单				
成果展示	1. 员工投诉处理单 2. 员工投诉处理反馈总结				

小组活动记录表

时 间		地 点	
主 题			
主要内容			

主持人: 记录员: 汇报人:

<table>
<tr><td colspan="3" align="center">任务单9-2　化解员工冲突</td><td align="right">学时：2</td></tr>
<tr><td>班　级</td><td></td><td>小　组</td><td></td></tr>
<tr><td>组　员</td><td colspan="2"></td><td></td><td></td></tr>
</table>

准备工作	1. 课前认真阅读学习情境及相关资料 2. 准备电脑、教材和笔，做好常规准备工作
任务描述	随着公司规模的扩大和迅速发展，公司内部已隐藏了一些冲突。若长期存在不予化解，必然会阻碍公司发展。请你思考以下冲突分别应如何处理。 1. 公司总部的企业文化与当地本土文化氛围存在差异，新生代员工不太适应，离职较多 2. 销售部抱怨研发中心人浮于事，开发的产品偏离客户需求，导致公司销售业绩下滑 3. 公司内部信息传递机制不健全，信息谬传容易造成负面影响 4. 员工对自己在公司的发展定位不明，部分员工产生职业倦怠，工作表现下降 5. 项目组两名员工因项目奖金分配而发生争执 6. 市场部内部员工之间发生冲突
任务要求	1. 判断冲突的类型 2. 分析冲突产生的原因 3. 撰写冲突分析报告，包括冲突的识别和原因分析、解决方法
成果展示	1. 冲突分析讨论记录 2. 冲突分析报告

<table>
<tr><td colspan="4" align="center">小组活动记录表</td></tr>
<tr><td>时　间</td><td></td><td>地　点</td><td></td></tr>
<tr><td>主　题</td><td colspan="3"></td></tr>
<tr><td>主要内容</td><td colspan="3"></td></tr>
<tr><td>主持人：</td><td>记录员：</td><td colspan="2">汇报人：</td></tr>
</table>

班 级		小 组		
组 员				
准备工作	1. 课前认真阅读学习情境及相关资料 2. 准备电脑、教材和笔,做好常规准备工作			
任务描述	公司有严格的考勤休假制度,但产品部员工秦某经常迟到,并且多次让同事代打卡。10月小长假后的两个工作日,秦某未到岗上班,但电子考勤记录和部门手工签到表上均记载为出勤。公司认为秦某想方设法制造出勤记录,这种欺骗行为、不诚信的表现,严重违反了公司规章制度,于是书面通知秦某解除劳动合同,并报工会得到准许。秦某认为公司与其解除劳动合同是违法的,遂提起劳动仲裁申请,要求公司恢复与她的劳动关系并支付相应工资。员工关系专员需要协助处理该劳动争议案件。			
任务要求	1. 了解员工关系专员应对劳动争议案件时,需要协调的部门和人员有哪些,各个步骤需要做哪些工作 2. 收集和整理与案件相关的所有文件和证据,并列出材料清单,要求全面完整,能够充分支持公司 3. 撰写劳动争议案件分析与总结报告			
成果展示	1. 案件材料清单 2. 劳动争议案件分析与总结报告			

任务单9-3 劳动仲裁支持　　学时:2

小组活动记录表

时 间		地 点	
主 题			
主要内容			

主持人:　　　　　　　　记录员:　　　　　　　　汇报人:

📖 **专业知识应用**

知识1　员工投诉处理

为了解员工的意见和诉求,为员工搭建表达不满的渠道,企业通常会设立意见箱、热线电话、电子邮箱、投诉反馈系统等,处理员工投诉。通过倾听、记录、传递、跟踪、反馈这一闭环响应机制,帮助员工解决问题,提高员工满意度,同时定期对投诉内容进行问题分析,助力企业完善相关管理。

一、员工投诉的分类

员工投诉处理是指对员工的投诉进行记录、反馈、协调和跟进的全过程。员工投诉处理要求关注事件的闭环处理和完整记录,做到事事有回音,件件有记录。

员工投诉一般分为以下两类。

(一)对人的投诉

对人的投诉指对他人违反公司现行管理制度、损害公司利益或不称职的投诉。比如,违反公司采购、财务等制度或违法乱纪行为;故意涂改公司文件或损毁公司设备;工作中领导滥用职权、弄虚作假、处事不公;办事人员服务态度差、缺乏耐心,导致公司或其他员工个人的正当利益受到损害。

(二)对事的投诉

对事的投诉指对员工自身权益造成影响的投诉、对工作决策类的投诉、对员工关系类的投诉。比如不按时签订劳动合同、不按时发放工资、未足额缴纳社会保险、强制加班、绩效考核结果有争议、奖金分配不公等;存在失误的工作决策;受到侮辱、诽谤、遭受打击报复或不公正对待的;故意挑拨或制造事端影响员工关系的;公司的制度流程烦琐,办公环境差,劳动保护、工作条件不到位,特别是容易造成严重事故或危害员工身体健康的。

二、员工投诉处理的原则

(一)合法原则

处理投诉必须以事实为依据,以法律为准绳。员工关系专员在处理员工投诉时应在经过调查查清事实的基础上,依据相关法律法规政策和公司的规章制度做出处理。

（二）公正原则

处理投诉必须秉公执法，实事求是。员工关系专员在处理员工投诉时要依据客观实际和相关规定做出判断和裁决，不能因为当事人的身份角色、绩效高低而区别对待。

（三）及时原则

处理投诉必须及时跟进，迅速反馈。一旦发生投诉，员工关系专员应及时处理，第一时间反馈处理结果，尽快为员工解决问题、化解矛盾。如果久拖不决，将会影响员工的生活，影响正常的工作秩序，甚至影响社会安定。

三、员工投诉处理的技巧

（一）耐心倾听，仔细询问

员工通常是因为遇事不顺、心怀不满或愤愤不平而投诉，如果员工关系专员能够耐心听其诉说、适时安抚其情绪，并通过仔细询问发现员工的需求，可以为处理投诉获得重要的、关键的信息。

（二）认真记录，迅速反应

员工关系专员应反复确认员工的诉求，尽量用当事人的原话记录，避免自行解读。同时要迅速做出反应，能够马上解决的立即解决，不能马上解决的要答复其处理方法和步骤以及大概的等待时间。

（三）及时跟进，有效反馈

员工关系专员应及时跟进处理情况，并第一时间反馈给员工，让员工了解处理进程和结果。与员工保持沟通，进而获得员工的满意和支持。

9-4：视频
员工投诉处
理的技巧及
案例分析

知识2　冲突的类型及原因

一、冲突的类型

（一）企业与员工的冲突

企业与员工因利益、目标、期望存在差异，在日常工作中经常会产生对于"公平合理安排"的不同看法，进而出现的分歧、矛盾。比如，员工因为对企业提供的工作条件或薪酬待遇不满意，出现工作松懈、工作效率低或故意缺勤、辞职等行为；企业对违纪或绩效不达标的员工采取降薪降职等惩罚或解雇行为。

（二）部门之间的冲突

各个部门为了实现目标都想争取更多的资源，而企业可供分配及利用的资源是有限的。企业根据战略发展的需要给各个部门分配资源，资源分配就可能成为引发部门冲突的重要因素。企业作为一个有机整体，任何一个部门或环节出了问题或任务未完成，都会影响企业的整体运作，若不能及时解决或解决不当，就有可能引发冲突。此外，各部门的文化、价值观差异也可能引发冲突。

（三）上下级之间的冲突

由于层级不同，对待同一个问题或现象时，思考的层次和角度可能不太一样，因认知差异而容易引发冲突。上下级对目标任务的分解和安排存在不同看法，也可能引发冲突。许多时候，沟通不及时、信息谬传也是引发冲突的因素。

（四）员工之间的冲突

员工之间由于个性、认知不同，处理事情的方式方法及对问题所抱有的态度不尽相同，容易引发冲突。员工地位的变化、认为任务安排和奖金分配不公平、过大的压力、谣言等也会引发冲突。

（五）个人工作与生活的冲突

不论是普通员工还是管理者，都可能要面对工作与生活的冲突。这个周末究竟是加班赶上工作进度，还是陪伴家人，员工需要作出选择，这种冲突可能会使员工感到焦虑和疲惫。这就需要员工评估和调整自己的优先级和时间分配，做好二者的平衡。

二、冲突的根源

企业与员工之间产生冲突的根源分为根本根源和背景根源两种。前者是由于员工关系的本质属性造成的冲突；后者是由更加可变的，取决于组织、产业、地域、国家等因素的属性造成的冲突。

9-5：杜布林冲突系统分析模型

（一）冲突的根本根源

1. 客观的利益差异

在其他条件不变的情况下，企业的利益在于给付员工报酬的最小化，以及从员工那里获得收益的最大化。同样，在其他条件不变的情况下，员工的利益在于工资福利的最大化，以及在保住工作的前提下尽量少工作。毋庸置疑，企业与员工之间的利益是直接冲突的。从这个角度而言，冲突已经超出了工作设计本身所包括的工资福利问题，因为工作设计的目标，是使工作组织中非技术工人的比重加大而少付工资，并使工人工作努力程度和产出最大化。在企业来看，工作设计无疑是提高效率的有效手段，但从员工的角度来看，却意味着为保住工作不得不付出更加辛苦的劳动。虽然这种冲突会随着具体条件不同表现出不同的形式，但这种深层冲突本身是不会改变的。

2. 雇佣关系的性质

管理者与员工是一种管理与被管理的关系。虽然企业实行了集体协商等产业民主，但员工获得的权利与法理上应该具有的权利之间仍有很大的距离，雇佣关系的性质是冲突产生的深层根源。冲突存在的深层原因是：在一个崇尚个人自由和民主的社会，员工不愿意处于从属地位；更重要的是，管理权力的分布不是员工的利益所在，而是资本所有者的利益（利润）之所在。劳动合同虽然可以规定一些内容，但不可能包罗万象。员工关系的一些内容，比如对工作的预期和理解等并不完全是用书面形式进行约定，有时它是建立在一种心理契约的基础之上，即建立在双方对"工资与努力程度之间的动态博弈"结果之上。即使在员工个人与企业签有正式书面合同的情况下，也会因对合同条款内涵的理解和解释不同而产生冲突。在管理方单方引入新的管理规则，变更、破坏心理契约时，这种冲突更为明显。

（二）冲突的背景根源

1. 广泛的社会不平等

自20世纪80年代以来全球收入差距逐步拉大，各国的基尼系数总体呈上升趋势。经济增长的成果未能惠及底层的大部分人口。

2. 劳动力市场状况

随着法律对员工结社权及集体谈判权的确认，民主权利逐步延伸到工作场所。工会作为员工代表，参与雇佣条件的谈判和决策。员工获得了大量权利，保护自己的利益免受不公平政策的损害。国家还通过制定《就业促进法》《职业病防治法》《劳动法》等劳动法律,保护员工权益不受侵害。社会保障政策也为员工提供了基本安全保障,使员工免受太大的生存压力,减少员工受剥削的程度。但同时员工在劳动力市场上仍要面临很多问题,失业率不断上升不仅对劳动者寻找工作带来更大难度,也使企业因为有过多的选择机会而表现得更加挑剔。

3. 工作场所的不公平

工作场所的不公平问题,不仅表现在垄断与非垄断行业之间,还表现在不同地区、不同部门的工作场所之间。此外,在性别、年龄等方面也可能存在区别对待。

4. 工作本身的属性

通过工作分析和工作设计本身,实现劳动成本的最小化和对员工控制程度的最大化。这些政策使员工的工作过度紧张和超负荷,工作范围过于狭隘。员工附属于机器,造成工作的高度分工和人性的异化。

以上这些冲突的根源,无论是内在的还是受环境因素影响的,都在不同程度上对员工的行为和员工关系产生影响。需要注意的是,这些根源共同作用于员工关系所产生的影响,比它们单独影响的简单相加要大得多。这些冲突的共同存在和相互加强使冲突成为员工关系的本质属性之一。

三、冲突的表现形式

冲突按其表现形式可分为明显的冲突和潜在的冲突。罢工是最为明显的表现形式,其次是不服从或退出,而权利义务的协商属于潜在的冲突,表现不明显。

(一)罢工

罢工使双方都要付出成本,因而单纯从经济学角度讲,罢工是非理性的行为。但从员工的角度讲,罢工是工会代表提出经济利益的诉求渠道,是员工被压抑的敌视情绪的宣泄方式,是表示集体不满的唯一有意义的形式。当企业破坏了明确的规则和心理契约时,就可能引发员工罢工。罢工不仅是员工为了获得更好的工资和工作条件而对付企业的手段,也是一种表达其集体意愿的途径,员工通过这种方法来反映自己的不满,并以此对他们认为不公平或不合理的雇佣行为进行反击。

(二)不服从或退出

工作松懈、低效率地工作、怠工,以及主观原因造成的缺勤等属于不服从行为。其他冲突表现形式还有退出行为,或称辞职。实际上很多员工辞职并不是因为有更好的选择,而是因为他们不能忍受企业的态度和行为,以及企业提供的工作条件。在这种情况下,辞职成为回敬企业和恢复自尊的最终行为。

（三）权利义务的协商

管理者与员工之间的关系是高度等级化的,管理者力图从员工那里获得更高的绩效水平,而员工的反应是,如果上司准备了更多回报,则会服从监督和管理,否则会给予拒绝。例如,员工也许会因为赶订单而加快工作节奏,但作为回报,他们会要求在此之后工作的节奏相对松弛一些或有一段非正式的间歇。如果管理者没有准备这些回报或其他替代方法,就不可能实现这种合作。员工关系正是通过这种"付出—获得"的方式形成了早期的心理契约。从这个角度而言,心理契约也属于"协商后的秩序",这种秩序反映了员工关系存续期间员工与管理方之间的"付出—给予"关系。

9-6:视频
冲突小剧场

知识 3　劳动争议处理

一、劳动争议的类别

根据劳动争议的主体划分,可分为个人劳动争议和集体劳动争议两类。个人劳动争议指劳动者与用人单位发生的劳动争议,集体劳动争议指多个(或部分)职工当事人基于共同理由与用人单位发生的劳动争议。

二、劳动争议的预防

(一)制定完善的企业规章制度

用人单位应根据国家和地方性法规制定完善的内部规章制度,这不仅可以为企业建立健康而良好的管理秩序,同时也因其中包含着员工的行为规范及员工的责任和权利,而对规范企业的管理起着至关重要的作用。

(二)制定严密规范的劳动合同

劳动合同可以对工作内容和法律未尽事宜作出详细、具体的规定,使双方明了权利和义务,促进双方全面履行合同,防止因违约而导致责任发生;劳动合同是劳动者和企业之间劳动关系的体现,也是处理劳动争议的重要依据。

(三)构建有效防范劳动争议的内部机制

当员工与企业发生劳动纠纷时,力争通过内部的渠道化解劳动争议。

1. 建立有效的劳动争议内部应对机制

这样做一方面可以及时防范、化解因企业劳动争议可能导致的劳动矛盾激化,保障生产经营活动的正常顺利开展。

2. 建立职工参与或影响决策的管理机制

增强职工对企业工作环境的认识,减少和克服因不了解企业管理者意图和措施而引起的不满心理,加强彼此间的沟通和信任。

3. 搭建有效的沟通渠道

HR 应了解员工的需求和愿望,从而提高员工的满意度,支持组织其他管理目标的实现。例如,设立员工意见箱、热线电话等,了解员工的心声,促进相互交流。

4. 建立健全的企业劳动争议调解委员会

企业要加强企业内部劳动争议调解委员会的自身建设,充分发挥其作用,建立健全的企业规章制度,主动了解员工的情况,预防争议的发生。

三、劳动争议的处理方式

劳动争议发生后,当事人应当协商解决;不愿协商或协商不成的,可以向本企业劳动争议调解委员会申请调解;调解不成的,可以向劳动争议仲裁委员会申请仲裁。当事人也可以直接向劳动争议仲裁委员会申请仲裁。对仲裁裁决不服的,可以向人民法院起诉。

（一）协商解决

劳动争议发生后,当事人就争议事项进行商量,使双方消除矛盾,提出解决争议的方法。当然,协商解决不是解决劳动争议的必经程序,不愿协商或者协商不成的,当事人可以申请调解或仲裁。

（二）企业调解

劳动争议发生后,当事人可以向本单位劳动争议调解委员会申请调解。

企业可以设立劳动争议调解委员会。负责调解本企业发生的劳动争议。调解委员会由职工代表、企业代表、企业工会代表组成。职工代表由职工代表大会(或职工大会)推举产生,企业代表由经理(厂长)指定,企业工会代表由企业工会委员会指定。调解委员会组成人员的具体人数由职工代表大会提出并与经理协商确定,企业代表的人数不得超过调解委员会成员总数的1/3。调解委员会主任由企业工会代表担任。没有成立工会组织的企业,调解委员会的设立及其组成由职工代表与企业代表协商决定。

调解委员会调解劳动争议应当遵循当事人双方自愿原则,经调解达成协议的,制作调解协议书,双方当事人应当自觉履行;调解不成的,当事人在规定的期限内,可以向劳动争议仲裁委员会申请仲裁。

通过企业内部劳动争议调解委员会对劳动争议进行内部调解,有利于在企业和员工之间建立一个间接沟通的平台,消除企业内部管理上的不利影响,做好企业内部劳动争议的预防。

（三）劳动仲裁

提出仲裁的一方应当自劳动争议发生之日起60日内向劳动争议仲裁委员提出书面申请。仲裁裁决一般应在收到仲裁申请的60日内作出。案情复杂需要延期的,经报仲裁委员会批准,可以适当延期,但是延长的期限不得超过30日。

（四）诉讼

劳动争议当事人对仲裁裁决不服的,可以自收到仲裁裁决书之日起15日内向人民法院提起诉讼。

技能1　员工投诉处理

一、接听员工投诉

员工关系专员接到员工的投诉电话,应立即仔细询问并做好记录。先安抚员工情绪,请他客观讲述事实;引导员工讲述被投诉人或事件的细节信息,比如具体时间、姓名、事情经过;一定要询问员工通过投诉想解决什么问题,并通过重复诉求详情来进行确认;尽量用当事人的原话记录,避免自行解读。

员工关系专员了解清楚投诉内容及诉求后,告知员工后续的处理流程,大概什么时间会通过什么方式给员工回复结果。再次确认员工无其他问题后,礼貌挂机。

二、投诉调查与处理

员工关系专员在系统中创建工单,填写投诉内容,发送给被投诉部门经理,请其在指定时间前给予反馈。

如果是意见箱或邮件投诉,组织工会、员工代表与相关员工沟通,了解投诉内容和细节。如果投诉内容比较复杂,涉及多个部门或人员,需要经过周密的调查,收集相关证据进行分析。

三、回复员工处理意见

将投诉处理结果告知员工,员工接受回复,投诉结案。如果部门处理意见和员工诉求差距很大,可以尝试将投诉案件升级处理,如引入更高级别经理、通过工会进行调解等。同时,还要填写员工投诉处理单。

9-7:员工
投诉处理
单

员工投诉处理单

投诉人姓名		部门	
投诉内容			
投诉时间		被投诉人/部门	
投诉人诉求			
处理记录	问题简述		
	调查情况		
	建议解决方案		
	协调处理结果		

经办人:

技能 2　员工冲突处理

当冲突发生时,首先要辨别冲突的类型,如果是有害的冲突必须加以解决。判断该冲突是属于员工之间的冲突、部门之间的冲突、还是员工与企业之间的冲突。其次要分析冲突产生的原因、双方的情况及组织文化等,灵活运用多种恰当的方法。

一、协商法

协商法依赖于双方的沟通和协商,以达成共识和解决方案。此方法适用于冲突双方势均力敌、愿意沟通并有能力进行建设性对话的情况,尤其是双方对问题有共同的理解,且双方都愿意寻求一个双方都能接受的解决方案。比如,销售部员工 A 和 B 因为争夺一个重要客户而产生冲突,通过使用协商法,双方决定共同开发客户,发挥各自的优势去满足客户的需求。

二、教育法

教育法是通过教育和培训,帮助员工认清现实情况,教育员工用正确的方法来看待问题、认识问题,从而缓解员工冲突。此方法适用于员工有不切实际的想法、对特定情况或流程理解不足、需要通过教育来提升认识的情况,尤其是由于缺乏沟通技巧、文化差异或对公司政策、工作流程、彼此角色的误解而造成的冲突。比如,项目组成员因为不了解彼此的工作职责而产生冲突,管理者可以通过角色扮演或工作坊来教育培训员工,帮助员工更好地理解团队中每个成员的角色职责和期望。

三、拖延法

当冲突双方情绪激动或信息不完整,且冲突对业务工作没有太大影响时,适宜采取拖延法。随着时间的推移和环境的变化,以及双方认识的不断深入,冲突可能会自然消失。比如两个部门因为项目责任分配不明确而发生冲突,管理者确认该冲突不会对项目造成太大的负面影响,决定给各自一些时间来收集信息和冷静思考,以避免冲动的决策,同时要监督情况发展,确保不会错过解决冲突的最佳时机。

四、和平共处法

当冲突的性质不是非常严重,双方愿意为了团队的整体利益而妥协时,适宜采用和平共处法。冲突双方求同存异,学会承认和接受对方的某些方面,以维护团队的和谐,促进共同发展。比如项目组两个成员工作风格不同,但都希望项目成功。通过强调双方的共同目标,而不是个人差异,可以鼓励双方找到合作的方式。

五、转移目标法

当员工间的冲突是因为双方的一时冲动引起的，或该冲突阻碍了团队达成更重要的组织目标时，适宜采用转移目标法。将双方的注意力从争议点转移到共同的目标或任务上。比如在一个软件开发团队中，两名技术人员甲和乙因为对技术实现方案有不同的看法而产生冲突，项目进度受到影响。甲认为应采用最新技术来提升项目竞争力，乙认为应采用熟悉的技术来降低风险和争取时间。员工关系管理者可以引导甲和乙将注意力从技术选择的争议转移到项目的成功和客户满意度上。通过转移目标，冲突得以解决，同时也增强了团队成员之间的沟通和协作能力。

六、上级仲裁法

上级仲裁法是指将冲突提交给上级管理层或第三方进行最终裁决。当冲突双方冲突情况严重，并且一方明显不合情理时，上级可以直接对其进行了断；事后，领导还要对对方进行疏导，避免以后再起冲突。比如两个部门负责人在公司资源分配方面产生严重分歧，影响了整个公司的组织运作时，可以请求更高层的管理者进行仲裁。

技能3 劳动仲裁支持

当员工和企业发生劳动纠纷时,如果无法在企业内部和相关责任人达成一致的解决办法,员工可能会提起劳动仲裁申请,由当地劳动争议仲裁委员会对当事人申请仲裁的劳动争议居中公断与裁决。

一、接收并转递案件情况

当企业收到某员工的仲裁案件通知时,一般会根据案件通知,在时限内成立劳动关系协调联合小组。HR或员工关系专员负责对接仲裁机构,签署仲裁资料,并与仲裁委沟通了解背景情况,明晰仲裁委对此案的态度及可能的调解方案。随后将案件通知及获取的相关消息一并发送邮件通知人力资源部经理及员工所在的部门负责人,由用人部门内部商议是否和员工进行和解及制定和解方案。

二、内部协调和解

如果部门决定跟员工内部和解,HR通知仲裁委暂停案件受理,等待员工撤销申请;如果不同意和解,则进入出庭前准备环节。

三、仲裁庭前调解

通常仲裁委在正式开庭前会主持一次调解,由用人部门代表公司和员工沟通调解。如双方接受调解且达成一致,则按调解方案执行;如任何一方不接受调解方案,则进入仲裁环节。

四、出庭前准备

确认需要出庭时,由HR、用人部门负责人、律师(非必需)等组成的联合小组及时同步各方信息,共同应对案件。

出庭前需要根据案件情况,准备相关材料:答辩书,营业执照复印件,法人身份证复印件,法人授权委托书,证据清单(证据根据案件情况有所不同,通常包括劳动合同、员工手册、发薪证明、出勤记录、员工劳动合同解除协议、案件相关公司制度及其他佐证材料)。注意按照先后顺序罗列证据清单,包括证据名称、证明内容、页数以及是否原件等。

五、出庭答辩

出庭当日,HR、律师(如有)参加出庭答辩。申请人陈述仲裁请求和事实理由后,被申请人针对申请人的请求进行答辩。在事实调查环节，仲裁员针对申请人的请求事项，围绕案情向双方当事人发问。在举证质证环节，当事人出示证据，并说明该证据要证明的事实，对方进行质证。仲裁庭先进行调解，鼓励双方自愿达成协议。随后进入庭审辩论环节，双方当事人发表辩论意见，补充陈述之前未提及的观点。最后，双方当事人核对庭审笔录，并签名或盖章确认。

六、后续工作跟进

按照裁决书结果，HR同部门负责人及律师（如有）征询意见后，决定是否上诉或继续调解，由HR主导后续事宜跟进，如果同意按裁决书结果支付赔偿金，由HR负责和员工沟通、完成赔偿金申请及支付工作。如果不同意裁决结果，则由HR/律师准备二次上诉申请和材料，回到步骤四。

七、案件总结

案件整体结束后，HR整理案件报告，包括事件背景、争议问题点、庭审过程简述、庭审结果、优化建议等。通过案件总结，完善或改进人力资源相关政策、制度、流程，督促相关人员学习劳动法相关知识，避免类似的风险。

展示评价

1. 按照任务单要求,进行成果展示
2. 扫码下载学习评价表,完成组内成员互评、小组评价并提交

9-8:学习评价表

项目九　学习评价表

评价项目		评价内容	评价要点	分值	评价手段及得分		
					小组	教师	得分
专业知识	员工投诉处理	投诉处理的原则及技巧	正确应对员工投诉的工作要点	10	客观测试		
	员工冲突管理	冲突的类型和产生原因	准确判断冲突的类型,理解冲突产生的根本根源和背景根源	10			
	劳动争议处理	劳动争议的预防和处理方式	掌握劳动争议的范围、预防及处理方式	10			
专业技能	员工投诉处理	正确应对员工投诉	投诉处理流程规范,沟通和问题解决方案合理可行,每处错误扣1分	10			
	员工冲突管理	根据冲突的类型和原因,灵活运用恰当的处理方法	冲突的类型和原因分析准确,有深度,处理方法恰当,每处错误扣1分	15			
	劳动争议处理	根据劳动争议处理的法律程序,提供证据材料收集等仲裁支持	案件相关材料收集全面完整;案件分析报告结构清晰,逻辑严谨,建议可行,每处错误扣1分	15			
职业素养	组织纪律	服从性	服从组长安排,不旷工,不迟到早退,不中途离开现场,不做与项目无关的事情	2			
	团队合作	协作性	各成员分工合理,合作有序	2			
	工作态度	积极性	工作积极主动,认真负责,恪守诚信,追求严谨	2			
	沟通交流	有效性	保持积极有效的沟通,信息传递及时准确	2			
	工作效率	按时性	保持良好的工作环境,桌面整洁干净,有效利用各种工具,按时完成任务,错误率控制在10%以下	2			

（续表）

评价项目		评价内容	评价要点	分值	评价手段及得分		
					小组	教师	得分
思政评价	课前准备	笔记、资料收集、项目准备情况检查	齐全度、完整度、精准度检查，提升学生参与的积极性	5	教师主观评价（采取面谈法了解学生思想情况，关注学生的态度与情感等内在指标）×70%+客观评价×30%		
	课中参与	观察记录学生参与情况	讨论、分组发言、提问，以及其他互动环节的频度与质量的评价	5			
	课后作业	课后项目作业完成情况	特别检查学生所写文字的情感色彩与态度	5			
	课外活动	记录学生参与课外活动的积极性及表现	包括第二课堂、大赛、课后打扫教室卫生等活动	5			
总计				100			

参考文献

1. 杨良,王晓云.老HRD手把手教你做员工管理(实操版)(第二版)[M].中国法制出版社,2019.

2. 张银昆.员工管理——从入门到精通[M].清华大学出版社,2016.

3. 程延园,王甫希.员工关系管理[M].中国人民大学出版社,2021.

4. 尹丽莎,崔静.员工关系管理实务(微课版)[M].清华大学出版社,2022.

5. 李艳.员工关系管理实务手册[M].人民邮电出版社,2017.

6. 郦巍铭.员工关系管理:企业和谐发展的出路[M].辽宁大学出版社,2022.

7. 中国就业培训技术指导中心.劳动关系协调员[M].中国劳动社会保障出版社,2020.

8. 上海踏瑞计算机软件有限公司.人力资源共享服务(职业基础、初级)[M].高等教育出版社,2021.

9. 上海踏瑞计算机软件有限公司.人力资源共享服务(中级、高级)[M].高等教育出版社,2021.

10. 张鹏.人力资源量化管理:从入门到精通[M].中国法制出版社,2022.

图书在版编目(CIP)数据

员工关系管理/李晓婷主编;曹洋,张银昆副主编.
上海:复旦大学出版社,2025.7.--(复旦卓越).
ISBN 978-7-309-17865-4

Ⅰ.F272.92

中国国家版本馆 CIP 数据核字第 20250UQ824 号

员工关系管理
YUANGONG GUANXI GUANLI
李晓婷　主　编
曹　洋　张银昆　副主编
责任编辑/戚雅斯

复旦大学出版社有限公司出版发行

上海市国权路 579 号　邮编:200433
网址:fupnet@ fudanpress.com　http://www.fudanpress.com
门市零售:86-21-65102580　团体订购:86-21-65104505
出版部电话:86-21-65642845
上海四维数字图文有限公司

开本 787 毫米×1092 毫米　1/16　印张 18.25　字数 367 千字
2025 年 7 月第 1 版
2025 年 7 月第 1 版第 1 次印刷

ISBN 978-7-309-17865-4/F·3094
定价:60.00 元